MIN FADER SKALL GE DET TILL ER I MITT NAMN

Dr. Jaerock Lee

"Amen, amen säger jag er: Vad ni ber Fadern om i mitt namn, det skall han ge er. Hittills har ni inte bett om något i mitt namn. Bed och ni skall få, för att er glädje skall vara fullkomlig." (Johannes 16:23-24)

MIN FADER SKALL GE DET TILL ER I MITT NAMN
av Dr. Jaerock Lee

Utgiven av Urim Books (Representant: Johnny H. Kim)
73, Yeouidaebang-ro 22-gil, Dongjak-gu, Seoul, Korea
www.urimbooks.com

Används med tillstånd. Ingen del av boken eller boken i sin helhet får reproduceras i någon form, genom lagring i elektroniska medier eller överföring på något sätt eller genom något annat tillvägagångssätt, elektroniskt, mekaniskt, kopiering, samt bandinspelning eller liknande, utan tidigare inhämtat skriftligt tillstånd från utgivaren.

Där ingenting annat anges är bibelcitaten hämtade från Svenska Folkbibeln © 1998

Copyright © 2009 av Dr. Jaerock Lee
ISBN: 979-11-263-0659-6 03230

Translation Copyright © 2009 av Dr. Esther K. Chung. Användes med tillstånd.

Tidigare utgiven på koreanska av Urim Books 1990

Första engelska utgåvan februari 2021

Redigerad av Dr. Geumsun Vin
Design av Editorial Bureau på Urim Books
Tryckt av Yewon Printing Company
För mer information, vänligen kontakta
urimbook@hotmail.com

Om utgivningen

"Amen, amen säger jag er: Vad ni ber Fadern om i mitt namn, det skall han ge er" (Johannes 16:23).

Kristendomen är en tro där människor möter den levande Guden och får erfara Hans gärningar genom Jesus Kristus.

Eftersom Gud är en allsmäktig Gud som har skapat himlarna och jorden och styr över hela universums historia likväl som över människans liv och död, förbannelse och välsignelse, svarar Han sina barns böner och vill leda dem till välsignade liv som riktiga Guds barn.

Den som är ett sant Guds barn bär med sig den auktoritet som finns i att vara ett Guds barn. Genom denna auktoritet borde han kunna leva ett liv där allt är möjligt, märka att han inte saknar något och njuta av välsignelser utan att ha någon form av avundsjuka eller svartsjuka mot andra. För att leva ett liv i överflödande rikedom, styrka och framgång måste han ge äran till Gud genom hela hans liv.

För att kunna njuta av ett sådant välsignat liv måste man på ett djupgående sätt förstå lagen i den andliga världen om hur Gud svarar och hur man tar emot allt som man ber Gud om i Jesu Kristi namn.

Detta verk är en samling av budskap som har predikats och alla troende kan använda det, särskilt de som utan minsta tvivel tror på Gud den Allsmäktige och önskar att leva liv som är fulla av Guds svar.

Må detta verk Min Fader skall ge det till er i mitt namn vara en instruktionsbok som leder alla troende till att bli medvetna om lagen i den andliga världen om hur Gud svarar och låter dem få ta emot allt som de ber om, i Jesu Kristi namn jag ber!

    Jag tackar och ärar Gud för att Han låter denna bok föra ut Hans värdefulla ord och att den får bli utgiven. Samtidigt vill jag uttrycka min uppriktiga tacksamhet till de som uthärdigt har arbetat med detta projekt.

Jaerock Lee

Innehåll
MIN FADER SKALL GE DET TILL ER I MITT NAMN

Om utgivningen

Kapitel 1
Metoder att ta emot Guds svar på   1

Kapitel 2
Vi behöver fortfarande be till Honom   13

Kapitel 3
Lagen i den andliga världen gällande svar från Gud   21

Kapitel 4
Förgör muren av synd   33

Kapitel 5
Du skördar vad du har sått   45

Kapitel 6
Elia tog emot Guds svar med eld   59

Kapitel 7
Att uppfylla ditt hjärtas längtan   69

Kapitel 1

Metoder att ta emot Guds svar på

Kära barn, låt oss älska, inte med ord eller fraser utan i handling och sanning. Då vet vi att vi är av sanningen, och vi kan inför honom övertyga vårt hjärta, vad det än anklagar oss för, att Gud är större än vårt hjärta och vet allt. Mina älskade, om hjärtat inte anklagar oss är vi frimodiga inför Gud, och vad vi än ber om, det får vi av honom, ty vi håller hans bud och gör det som gläder honom

(1 Johannes brev 3:18–22).

En av källorna till stor glädje för Guds barn är det faktum att Gud den allsmäktige lever, svarar deras böner och ser till att allt samverkar till det bästa för dem. De som tror på detta ber med stor iver så att de kan ta emot allt de ber om från Gud och ge Honom äran utifrån det som finns i deras hjärtan.

1 Johannes brev 5:14 säger oss, *"Och detta är den tillit vi har till honom, att om vi ber om något efter hans vilja, så hör han oss."* Denna vers påminner oss att om vi ber om något efter Guds vilja har vi rätt att ta emot allt från Honom. Oavsett hur ond en mor kan vara kommer hon inte att ge sin son en sten när han ber om ett bröd, eller en orm när han ber om en fisk. Vad skulle då kunna hindra Gud från att ge goda gåvor till sina dyrbara barn när de ber Honom om det?

När den kananeiska kvinnan i Matteus 15:21-28 kom till Jesus kunde hon inte bara ta emot svar på sin bön utan också få det som hennes hjärta längtade efter. Även fast hennes dotter led av svår demonbesättelse bad hon Jesus bota hennes dotter eftersom hon trodde att allt var möjligt för den som tror. Vad tror du att Jesus gjorde för denna hedniska kvinna som oupphörligen bad Honom om att bota hennes dotter? Som vi ser i Johannes 16:23, *"Den dagen kommer ni inte att fråga mig om något. Amen, amen säger jag er: Vad ni ber Fadern om i mitt namn, det skall han ge er"* gav Jesus henne direkt svaret på hennes förfrågan då Han såg hennes tro. *"Kvinna, din tro är stor. Det skall bli som du vill"* (Matteus 15:28)

Så underbart och fantastiskt det är med Guds svar!

4 · MIN FADER SKALL GE DET TILL ER I MITT NAMN

Om vi tror på den levande Guden måste vi som Hans barn ge ära till Honom genom att ta emot allt vi ber Honom om. Med det skriftställe som detta kapitel grundar sig på ska vi utforska de metoder som vi kan ta emot Guds svar på.

1. Vi måste tro på Gud som lovar att svara oss

Genom Bibeln lovar Gud oss att Han sannerligen kommer att svara på vår bön och åkallan. Om vi därför inte tvivlar på detta löfte kan vi ivrigt be och ta emot allt vi ber om från Gud.

4 Mosebok 23:19 säger, *"Gud är inte en människa, så att han skulle ljuga, inte en människoson, så att han skulle ångra sig. Säger han något utan att göra det, talar han något utan att fullborda det?*" I Matteus 7:7-8 lovar Gud oss, *"Bed och ni skall få, sök och ni skall finna, bulta och dörren skall öppnas för er. Ty var och en som ber, han får, och den som söker, han finner, och för den som bultar skall dörren öppnas".*

I Bibeln finns det många hänvisningar som pekar på Guds löften, att Han kommer att svara oss om vi ber i enlighet med Hans vilja. Här är några exempel:

"Därför säger jag er: Allt vad ni ber om och begär, tro att ni har fått det, så skall det vara ert" (Markus 11:24).

"Om ni förblir i mig och mina ord förblir i er, så be om vad ni vill, och ni skall få det" (Johannes 15:7).

"Och vad ni än ber om i mitt namn, skall jag göra, för att Fadern skall bli förhärligad i Sonen" (Johannes 14:13).

"Ni skall kalla på mig och komma och be till mig, och jag skall höra er. Ni skall söka mig, och ni skall också finna mig om ni söker mig av hela ert hjärta" (Jeremia 29:12-13).

"Ropa till mig på nödens dag, så skall jag rädda dig, och du skall ära mig" (Psaltaren 50:15).

Sådana löften från Gud återfinns om och om igen i både Gamla och Nya testamentet. Om det bara hade funnits en enda biblisk vers med detta löfte, skulle vi ändå hållit fast vid det ordet och be om att ta emot Hans svar. Men eftersom detta löfte återfinns många gånger i Bibeln måste vi tro att Gud verkligen lever och att Han gör samma saker igår och idag och för evigt (Hebreerbrevet 13:8).

Bibeln ger också många exempel på välsignade män och kvinnor som trodde på Guds ord, bad och tog emot Hans svar. Vi behöver ta efter en sådan tro och ett sådant hjärta som dessa människor hade och leva våra liv på ett sådant sätt att vi alltid kan ta emot Hans svar.

När Jesus sade till en förlamad man i Markus 2:1–12, *"Stig upp, tag din bädd och gå hem!"* ställde den förlamade mannen sig upp, tog sin bädd och gick ut inför allas ögon, och alla som såg det blev utom sig av häpnad och prisade Gud.

En romersk officer i Matteus 8:5–13 kom inför Jesus eftersom hans tjänare låg hemma förlamad och i svåra smärtor, och sade till Honom,"... *säg bara ett ord, så blir min tjänare frisk."*
Vi vet att när Jesus sade *"Gå, som du tror skall det ske dig"* till den romerske officeren, blev hans tjänare frisk i samma ögonblick.

En spetälsk i Markus 1:40–42 kom till Jesus och föll på knä och bad, *"Om du vill, så kan du göra mig ren".* Jesus fylldes med förbarmande över den spetälske, sträckte ut sin hand, rörde vid honom och sade, *"Jag vill. Bli ren!"* Vi ser att spetälskan genast lämnade mannen och han blev botad.

Gud låter alltid människor ta emot vad de ber Honom om i Jesu Kristi namn. Gud vill också att alla människor ska tro på Honom, som har lovat att besvara deras böner, att de ber med oföränderligt hjärta utan att ge upp och blir Hans välsignade barn.

2. Typer av böner som Gud inte svarar på

När människor tror och ber i enlighet med Guds vilja, lever efter Hans ord och dör som ett vetekorn, lägger Gud märke till deras hjärtan och överlåtelse och svarar deras bön. Men vad kan vara orsaken till att en del inte kan ta emot Guds svar trots att de ber? Det finns många människor i Bibeln som misslyckades med att ta emot Hans svar trots att de bad. Genom att utforska orsakerna till varför en del misslyckades med att ta emot Guds svar, måste vi lära oss hur vi kan ta emot svar från Honom.

För det första, om vi har synd i våra hjärtan och ber, säger Gud att Han inte svarar vår bön. Psaltaren 66:19 säger till oss, *"Hade jag haft onda avsikter i mitt hjärta skulle Herren inte ha hört mig"* och Jesaja 59:1-2 påminner oss, *"Se, HERRENS hand är inte för kort, så att han ej kan frälsa, hans öra är inte tillslutet, så att han ej kan höra. Nej, det är era missgärningar som skiljer er och er Gud från varandra, era synder döljer hans ansikte för er, så att han inte hör er."* Eftersom fienden djävulen kommer att stoppa våra böner på grund av vår synd blir bönen bara som att slå i luften och den kommer inte nå Guds tron.

Om vi, för det andra, ber och inte är i enhet med våra bröder kommer Gud inte att svara oss. Eftersom vår himmelske Fader inte förlåter oss om vi inte förlåter våra bröder från våra hjärtan (Matteus 18:35), kan våra böner varken levereras till Gud eller besvaras.

För det tredje, om vi ber för att tillfredsställa våra egna begär svarar Gud inte på våra böner. Om vi struntar i Hans härlighet och i stället ber i enlighet med den syndfulla naturens begär och för att spendera vad vi har fått från Honom för vårt eget nöjes skull, kommer Gud inte att svara oss (Jakobs brev 4:2-3). En dotter som lyder och studerar noggrant kommer till exempel få sin månadspeng av sin far närhelst hon ber honom om den. Men en dotter som inte lyder eller bryr sig särskilt mycket om att studera, kommer hennes far antingen vara ovillig att ge henne månadspengen eller vara väldigt bekymrad över hur hon med felaktig inställning kommer att spendera månadspengen. Om vi på samma sätt ber om något med fel motiv och för att tillfredsställa vår egen köttsliga natur, kommer Gud inte att svara oss eftersom vi kanske kommer att börja gå på den väg som leder till förgörelse då.

För det fjärde, vi ska inte heller be eller ropa till Honom för avgudadyrkare (Jeremia 11:10-11). Eftersom Gud hatar avgudar över allt annat, behöver vi bara be om deras själars frälsning. Någon annan bön eller begäran för dem eller å deras vägnar kommer inte att bli besvarad.

För det femte, Gud svarar inte bön som är fylld av tvivel eftersom vi bara kan ta emot svar från Herren när vi tror och inte tvivlar (Jakobs brev 1:6-7). Jag är säker på att många av er kan vittna om helande från obotliga sjukdomar och lösningar på problem som verkade vara omöjliga när människor har bett Gud om att gripa in. Det är för att Gud säger, *"Amen säger jag er: Om någon säger till detta berg: Lyft dig och kasta dig i havet, och inte tvivlar i sitt hjärta utan tror att det han säger skall ske, då skall det ske"* (Markus 11:23). Ni behöver veta att bön fylld av tvivel inte kan besvaras och att bara bön i överensstämmelse med Guds vilja ger en otvivelaktig känsla av visshet.

För det sjätte, om vi inte lyder Guds befallningar kommer våra böner inte att besvaras. När vi lyder Guds befallningar och gör det som behagar Honom, säger Bibeln att vi kan ha frimodighet och komma inför Gud och ta emot vad vi än ber Honom om (1 Johannes brev 3:21–22). Eftersom Ordspråksboken 8:17 säger oss, *"Jag älskar den som älskar mig, och de som söker mig, de finner mig"* kommer de som lyder Guds befallningar i kärlek till Honom (1 Johannes brev 5:3) kunna vara säkra på att de får svar på sina böner.

För det sjunde, vi kan inte ta emot Guds svar utan att så. Eftersom det i Galaterbrevet 6:7 står, *"Bedra inte er själva. Gud bedrar man inte: det människan sår skall hon också skörda"* och 2 Korinterbrevet 9:6 säger oss, *"Det säger jag: Den som sår sparsamt skall skörda sparsamt, och den som sår rikligt skall skörda rikligt"* kan man inte skörda om man inte har sått. Om man sår bön kommer det gå väl med ens själ; om man sår offer kommer man få ekonomiska välsignelser; och om man sår gärningar kommer man få välsignelser av god hälsa. För att summera: man måste så vad man önskar att få skörda och så på det sätt som gör att man kan ta emot Guds svar.

Förutom att villkoren ovan måste vara uppfyllda kommer ens bön att bli obesvarad om man missar att be i Jesu Kristi namn eller om man inte ber från sitt hjärta utan bara rabblar ord. Om det finns osämja mellan man och hustru (1 Petrusbrevet 3:7) eller olydnad kan man vara säker på att Gud inte kommer att svara dem.

Vi måste alltid komma ihåg att sådant som nämnts ovan skapar en mur mellan Gud och oss; Han kommer vända bort sitt ansikte från oss och inte svara på vår bön. Därför måste vi först söka Guds rike och rättfärdighet, ropa ut till Honom i bön för att uppnå det vi längtar efter i våra hjärtan, och alltid ta emot Hans svar genom att hålla fast vid stadig tro ända till slutet.

3. Hemligheten till att ta emot svar på våra böner

I början av en männskas liv i Kristus kommer man andligt sett vara som ett spädbarn, och Gud svarar en direkt. För en person som ännu inte känner hela sanningen men som omsätter de Guds ord som han har lärt sig i handling även om det är lite, svarar Gud honom som om han vore ett spädbarn som skrek efter mjölk, och leda honom till att möta Gud. När han fortsätter att höra och förstå sanningen växer han ut ur "småbarnsstadiet" och efter hur mycket han omsätter sanningen i handling kommer Gud att svara honom. Om någon har vuxit ut ur barnstadiet, andligt talat, men fortsätter att synda och misslyckas med att leva efter ordet, kan han inte ta emot Guds svar; och från den stunden och vidare kommer han se Guds svar lika mycket som han uppnår helgelse i sitt liv.

För att människor som inte har tagit emot Hans svar ska kunna göra det måste de först omvända sig, vända sig bort från sina vägar och börja leva lydiga liv där de lever efter Guds ord. När de bor i sanningen efter att ha omvänt sig djupt ner i hjärtat, ger Gud häpnadsväckande välsignelser till dem. Eftersom Job bara hade tro som huvudkunskap klagade han först mot Gud när prövningarna och lidandet kom över honom. Efter att Job hade mött Gud och omvänt sig från hjärtat förlät han sina vänner och levde efter Guds ord. Då välsignade Gud Job med dubbelt så mycket som han hade haft förut (Job 42:5-10).

Jona fann sig själv instängd i en stor fisk på grund av sin olydnad mot Guds ord. Men när han bad och omvände sig och tackade Gud i sin bön med tro, befallde Gud fisken att spy upp Jona på torra land (Jona 2:1–10).

När vi vänder oss bort från våra vägar, omvänder oss och lever efter Faderns vilja samt tror och ropar till Honom kommer fienden djävulen emot er på en väg men måste fly för er på sju. Sjukdomar, problem med era barn och ekonomiska bekymmer kommer att lösas sig automatiskt. En förföljande make förvandlas till en god och varm make och en fridfull familj som sprider Kristi väldoft och ger stor ära till Gud.

Om vi vänder oss bort från våra vägar, omvänder oss och tar emot Hans svar på våra böner måste vi ge äran till Gud genom att berätta om vår glädje. När vi behagar Honom och ger Honom äran genom våra vittnesbörd ger Gud oss inte bara härlighet och har behag till oss utan Han blir också ivrig och frågar oss, "Vad kan jag ge dig?"

Om en mamma ger sin son en gåva och sonen inte verkar tacksam eller uttrycker sin tacksamhet på något sätt – då kommer mamman inte vilja ge honom något mer. Men om sonen visar stor uppskattning över gåvan och gör sin mamma glad, kommer hon bli gladare och vilja ge sin son mer gåvor och förbereder sig för att göra det. På samma sätt kommer vi ta emot alltmer från Gud när vi ger ära till Honom genom att komma ihåg att vår Fader Gud älskar att Hans barn tar emot svar på deras böner och ger ännu fler goda gåvor till dem som vittnar om Hans svar.

Låt oss alla se till att vi ber i enlighet med Guds vilja, visar Honom vår tro och överlåtelse samt tar emot allt vad vi ber om från Honom. Det kan ur ett mänskligt perspektiv verka svårt att visa Gud vår tro och överlåtelse, men genom processen att göra oss av med svåra synder som står emot sanningen, när vi fäster våra ögon på den eviga himlen och tar emot svar på våra böner och bygger våra belöningar i det himmelska kungadömet, kommer våra liv att fyllas med tacksamhet och glädje och sanning värd att nämnas. Våra liv kommer dessutom att bli mer välsignade eftersom prövningar och lidanden kommer drivas undan och sann tröst kommer fås i det att Gud leder och beskyddar.

Må var och en av er be med tro för det ni längtar efter, be ivrigt, kämpa mot synd och lyda Hans befallningar för att kunna ta emot allt ni ber om, behaga Honom på alla områden, och ge stor ära till Gud, i Jesu Kristi namn jag ber!

Kapitel 2

Vi behöver fortfarande be till Honom

Då skall ni tänka på era onda vägar och på era gärningar, som inte var goda, och ni skall känna avsky för er själva på grund av era missgärningar och era vidrigheter. Men ni skall veta att det inte är för er skull jag gör detta, säger Herren, HERREN. Ni skall skämmas och blygas för vad ni har gjort, ni av Israels hus. Så säger Herren, HERREN: När jag har renat er från alla era missgärningar, då skall jag låta städerna på nytt bli bebodda, och då skall ruinerna på nytt byggas upp. Det ödelagda landet skall åter bli brukat i stället för att ha legat som en ödemark inför var och en som gått fram där. Då skall man säga: Det landet som var så ödelagt har nu blivit som Edens lustgård, och städerna som var så ödelagda, skövlade och förstörda, de är nu bebodda och befästa. Då skall de folk som är kvar runt omkring er inse att jag, HERREN, åter har byggt upp det som var förstört och på nytt planterat det som var ödelagt. Jag, HERREN, har talat det, och jag skall göra det. Så säger Herren, HERREN: Också detta skall jag låta Israels hus be mig om och göra för dem: Jag skall föröka människorna så att de blir som en fårahjord."

(Hesekiel 36:31-37).

I alla sextiosex bibelböckerna vittnar Gud, som är densamme igår, idag och för evigt (Hebreerbrevet 13:8) om att Han lever och är verksam. För alla dem som trott på Hans ord och lytt det både under det gamla och nya testamentets tid, och idag, har Gud trofast visat dem bevis på Hans gärningar.

Universums skapare, Gud Skaparen, och allt i universum och den som styr över liv och död, förbannelser och välsignelser för hela mänskligheten har lovat att "välsigna" oss (5 Mosebok 28:5-6) så länge vi tror på och lyder alla Hans ord som finns i Bibeln. Om vi verkligen tror på detta förundransvärda och underbara faktum, vad skulle vi då kunna sakna och vad skulle vi då inte kunna ta emot? Vi ser i 4 Mosebok 23:19, *"Gud är inte en människa, så att han skulle ljuga, inte en människoson, så att han skulle ångra sig. Säger han något utan att göra det, talar han något utan att fullborda det?"*

Säger Gud något utan att göra det? Lovar Han något utan att hålla det? Och eftersom Jesus lovade oss i Johannes 16:23, *"Amen, amen säger jag er: Vad ni ber Fadern om i mitt namn, det skall han ge er"* är Guds barn sannerligen välsignade.

Därför är det bara helt naturligt att Guds barn lever liv där de tar emot allt de ber om och ger äran till sin himmelske Fader. Varför är det då så att de flesta kristna misslyckas med att leva sådana liv? Med skriftstället som detta kapitel är baserat på ska vi utforska hur vi alltid kan ta emot Guds svar.

1. Gud har talat och kommer att göra det, men vi behöver fortfarande be Honom om det

Som Guds utvalda folk hade Israels folk tagit överflödande välsignelser. De fick löfte om att om de lydde och följde Guds ord skulle Han upphöja dem över alla nationer på jorden, ge dem deras fiender i deras hand och välsigna alla deras händers verk (5 Mosebok 28:1, 7, 8). Sådana välsignelser kom över israeliterna när de lydde Guds ord, men när de gjorde fel, var olydiga mot Lagen, och tillbad avgudar, blev de i Guds vrede tagna som fångar och deras land blev förstört.

Då sade Gud till israeliterna att om de omvände sig och vände sig bort från sina onda vägar, skulle Han låta det ödelagda landet bli odlat på nytt och ruiner bli uppbyggda igen. Gud sade dessutom, *"Jag, HERREN, har talat det, och jag skall göra det. Också detta skall jag låta Israels hus be mig om och göra för dem:"* (Hesekiel 36:36-37).

Varför lovade Gud israeliterna att Han skulle göra det samtidigt som Han sade att de också skulle "be" om det?

Trots att Gud vet vad vi behöver innan vi ens har bett till Honom (Matteus 6:8), har Han också sagt till oss, *"Bed och ni skall få ... Ty var och en som ber, han får ... hur mycket mer skall då inte er Fader i himlen ge det som är gott åt dem som be honom"* (Matteus 7:7–11)!

Gud har också sagt genom Bibeln att vi behöver be och ropa till Honom för att kunna ta emot Hans svar (Jeremia 33:3, Johannes 14:14). Guds barn som verkligen tror på Hans ord måste fortfarande be till Gud även fast Han har talat och sagt att Han ska göra det.

Det är så att när Gud säger, "Jag ska göra det", så kommer vi ta emot Hans svar när vi tror och lyder Hans ord. Det är också så att om vi tvivlar, prövar Gud, och misslyckas med att vara tacksamma och i stället klagar i tider av prövningar och svårigheter – för att sammanfatta – om vi misslyckas med att tro på Guds löfte – kan vi inte ta emot Hans svar. Även fast Gud har lovat "Jag ska göra det" kan det löftet enbart bli uppfyllt när vi håller fast vid det löftet i bön och i handling. Det går inte att säga att man har tro om man inte ber utan bara ser på löftet och säger, "Eftersom Gud har sagt det, så blir det så". Inte heller kan man ta emot Guds svar när det inte finns några efterföljande gärningar.

2. Vi måste be för att ta emot Guds svar

Först måste du be för att förgöra muren som står mellan dig och Gud.

När Daniel togs till Babylon som fånge efter att Jerusalem hade fallit, började han läsa Skriften som innehöll Jeremias profetia och förstod att Jerusalem skulle vara övergivet i 70 år. Daniel förstod att under dessa 70 år skulle Israel tjäna kungen i Babylon. När de sjuttio åren var över, skulle kungen i Babylon, hans rike och kaldéernas land bli förbannat och följden av det skulle bli att det skulle bli övergivet, allt på grund av landets synder. Även fast israeliterna hölls fångna i Babylon på den tiden var Jeremias profetia, att de skulle bli oberoende och återvända till sitt hemland efter sjuttio år, en direkt källa till glädje och tröst för Daniel.

Ändå delade Daniel inte med sig av denna glädje till de andra israeliterna. I stället lovade Daniel Gud med ed att söka Gud genom bön och åkallan, med fasta, klädd i säck och aska. Och han omvände sig från sina egna och israeliternas synder, allt de hade gjort fel och deras onda vägar, hur de gjort uppror och vänt sig bort från Guds befallningar och lagar (Daniel 9:3–19).

Gud hade inte uppenbarat genom profeten Jeremia hur Israels fångenskap i Babylon skulle få sitt slut; han hade bara profeterat om att fångenskapen skulle vara över efter sju årtionden. Men eftersom Daniel kände till lagen i den andliga världen var han väl medveten om att muren som stod emellan Israel och Gud först måste förgöras för att Guds ord skulle kunna uppfyllas. Genom att göra så visade Daniel sin tro genom gärningar. När Daniel fastade och omvände sig – för sig själv och för de andra israeliterna – för allt de hade gjort emot Gud och om orsakat att de hamnat under förbannelsen, förgjorde Gud den muren, svarade Daniel, gav israeliterna "sjuttio årsveckor" och avslöjade andra hemligheter för honom.

I det att vi blir Guds barn som ber i enlighet med vår Faders ord, behöver vi inse att vi först måste förgöra syndens mur som finns där innan vi kan ta emot något svar på våra böner samt se till att vi gör det till vår prioritet att förgöra den muren.

Sedan måste vi be med tro och i lydnad

I 2 Mosebok 3:6-8 läser vi om Guds löfte till Israels folk, som på den tiden var slavar i Egypten, att Han skulle föra dem ut ur

Egypten och leda dem till Kanaan, ett land som flyter av mjölk och honung. Kanaan är ett land Gud lovade att ge till israeliterna som arvedel (2 Mosebok 6:8). Han lovade med ed att ge landet till deras efterkommande och befallde dem att gå dit upp (2 Mosebok 33:1-3). Det är ett utlovat land där Gud befallde Israel att förgöra alla avgudar där och varnade dem för att gå i förbund med folket som redan bodde där och med deras gudar, så att de inte skulle bli till en snara mellan israeliterna och deras Gud. Detta var ett löfte från Gud som alltid håller vad Han lovar. Varför kunde då israeliterna inte komma in i Kanaan?

I deras otro på Gud och Hans kraft, klagade Israels folk mot Honom (4 Mosebok 14:1-3) och var olydiga mot Honom, och därför misslyckades de med att komma in i Kanaan trots att de stod på tröskeln till landet (4 Mosebok 14:21-23; Hebreerbrevet 3:18–19). Kort sagt, trots att Gud hade lovat Kanaans land till israeliterna, var det löftet inte till någon nytta eftersom de inte trodde eller lydde Honom. Om de hade trott och lytt Honom, skulle det löftet ha uppfyllts. Till slut var det bara Josua och Kaleb som trodde på Guds ord och som tillsammans med israeliternas efterkommande kunde komma in i Kanaan (Josua 14:6-12). Med hjälp av Israels historia kan vi komma ihåg att vi bara kan ta emot Guds svar när vi ber till Honom i förtröstan på Hans löfte och i lydnad, och ta emot Hans svar genom att be till Honom i tro.

Trots att Mose själv trodde på Guds löfte om Kanaan, blev till och med han stoppad från att komma in i det utlovade landet, på grund av att israeliterna inte trodde på Guds kraft.

Ibland sker Guds verk genom en enda mans tro men andra gånger kommer endast svaret när alla involverade har den tro som krävs för att manifestera Hans gärningar. För att komma in i Kanaan krävde Gud att alla israeliterna skulle tro, inte bara Mose. Och eftersom Han inte kunde finna denna tro bland Israels folk lät Gud dem inte komma in i Kanaans land. Kom ihåg att när Gud söker tro hos fler än bara en individ utan alla involverade, behöver hela folket be med tro och i lydnad, och bli ett i hjärtat för att kunna ta emot Hans svar.

När en kvinna som hade lidit från blödningar i 12 år och tog emot helande genom att röra vid Jesu mantel, frågade Han, "Vem rörde vid mina kläder?" och fick henne att vittna om sitt helande inför alla människor som var där (Markus 5:25–34).

En person som vittnar om Guds gärningar som har skett i hans liv hjälper andra att växa i tro och det styrker dem att förvandla sig själva till bönemänniskor som ber och tar emot Hans svar, eftersom när man tar emot Guds svar genom tro gör det att den troende växer i tro och får möta den levande Guden. Det är sannerligen ett fantastiskt sätt att ge äran till Honom.

Låt oss alltid ta emot Hans svar, bli Hans välsignade barn och ge ära till Honom med allt vi har i våra hjärtan genom att tro och lyda välsignelsernas ord som finns i Bibeln, och att påminna oss själva om att vi fortfarande behöver be även om Gud har lovat oss det, "Jag har talat och jag skall göra det".

Kapitel 3

Lagen i den andliga världen gällande svar från Gud

Sedan gick Jesus som vanligt ut till Oljeberget, och hans lärjungar följde honom. När han kom till platsen, sade han till dem: "Be att ni inte kommer i frestelse." Och han gick ett stycke ifrån dem, ungefär ett stenkast, och föll på knä och bad: "Fader, om du vill, så tag denna kalk ifrån mig! Men ske inte min vilja utan din." Då visade sig en ängel från himlen och gav honom kraft. Han kom i svår ångest och bad allt ivrigare, och hans svett blev som blodsdroppar, som föll ner på jorden. När han reste sig från bönen och kom till lärjungarna, fann han att de hade somnat av bedrövelse. Då sade han till dem: "Varför sover ni? Stig upp och be att ni inte kommer i frestelse"

(Lukas 22:39-46).

Guds barn tar emot frälsning och får rätten att ta emot allt de ber Gud om i tro. Det är därför vi läser i Matteus 21:22, *"Allt vad ni ber om i er bön skall ni få, när ni tror."*

Ändå är det många människor som undrar varför de inte tar emot Guds svar fastän de har bett, de ifrågasätter om deras bön ens har levererats till Gud, eller tvivlar på om Gud ens har hört deras bön.

Precis som vi vet hur vi snabbast kommer fram när vi reser, vilken väg vi ska välja till en viss destination, på samma sätt behöver vi vara medvetna om vilket sätt vi ska be på så att vi kan ta emot Hans svar snabbt. Bönen i sig själv garanterar inte svar från Gud; vi måste lära oss den andliga lagen när det gäller Guds svar och att vi ber i enlighet med den lagen.

Låt oss utforska den andliga lagen gällande svar från Gud och hur den lagen samverkar med Guds sju andar.

1. Lagen i den andliga världen gällande svar från Gud

Eftersom bön är att be den allmäktige Guden om sådant vi längtar efter och behöver, kan vi bara ta emot Hans svar när vi ber till Honom i enlighet med lagen i den andliga världen. Alla mänskliga försök, tankar, metoder, samt berömmelse och kunskap kommer till korta när det gäller att få svar från Gud.

Eftersom Gud är en rättfärdig Domare (Psaltaren 7:12), hör vår bön och besvarar den, kräver Han att vi ger en lämplig summa i utbyte för Hans svar. Guds svar på vår bön kan jämföras med att köpa kött från en slaktare. Slaktaren får vara en bild på Gud och han kan använda en våg som den som Gud mäter med, baserat på lagen i den andliga världen, om man kan ta emot Hans svar eller inte.

Låt oss säga att vi gick till slaktaren för att köpa två kilo oxkött. När vi ber honom om att få den mängd kött vi ska köpa, väger han upp köttet och ser om det kött han har lagt upp väger två kilo eller inte. Om köttet i vågen väger två kilo tar slaktaren emot en lämplig summa från oss för de två kilon, slår in köttet och ger det till oss.

På samma sätt är det när Gud tar emot vår bön. När Han gör det, gör Han det och ska alltid ha något av oss som blir som en garant för Hans svar. Det är lagen i den andliga världen gällande Guds svar.

Gud hör vår bön, tar något från oss som är värdefullt nog, och sedan svarar Han oss. Om man fortfarande väntar på att ta emot Guds svar på sin bön, beror det på att man ännu inte har presenterat den summan som Gud tycker är lämplig för att Han ska svara. Eftersom summan som är nödvändig för att ta emot Hans svar varierar beroende på vad man ber om, kan man enbart fortsätta att be och samla ihop den nödvändiga summan tills man har fått den slags tro med vilken man kan ta emot Guds svar. Även fast vi inte vet i detalj vad som är den rätta summan som Gud kräver av oss, gör i alla fall Han det. Vi behöver därför lyssna noga på den helige Andes röst. För vissa böneämnen behöver vi fasta, andra lova att offra nattliga böner, för andra böneämnen behöver vi be med tårfyllda böner och ytterligare andra med tacksägelseoffer. Sådana gärningar samlar ihop den summan som Gud kräver av oss för att ta emot Hans svar och sedan ger Han oss den slags tro som behövs för att vi ska kunna tro och bli välsignade med Hans svar.

Om två personer sätter av tid för att ge bön som man har lovat Gud att be, och en tar emot svar från Gud direkt efter att han har börjat be den utlovade bönen, medan den andra misslyckas att ta emot Hans svar trots att hon ber igenom hela den tid som hon lovat. Varför är det skillnad mellan de två?

Eftersom Gud är vis och gör upp sina planer i förväg är det så att om Gud vet att en person har ett hjärta som kommer att be tills hela den utlovade tiden har gått kommer Han att svara den personen direkt. Men om man misslyckas med att ta emot svar från Gud för ett problem man går igenom just nu, beror det på att man har misslyckats med att ge Gud hela den summan som krävs för att få Hans svar. När vi lovar att be under en viss period, behöver vi förstå att Gud har lett våra hjärtan till det så att Han ska få den summa bön som krävs för att Han ska svara. Om vi då inte klarar av att samla ihop den summan, misslyckas vi med att ta emot Guds svar.

Om en man till exempel ber om sin framtida hustru, söker Gud efter en lämplig fru till honom och förbereder det så att Han kan se till att det går väl för mannen i allt. Det betyder inte att den lämpliga bruden kommer fram direkt till honom, han kanske inte har den rätta åldern inne än, men han har bett om henne. Eftersom Gud svarar dem som tror att de har tagit emot Hans svar, väljer Han den tid då Han kommer att uppenbara sina gärningar för dem. Men om ens bön inte är i linje med Guds vilja finns det ingen summa i världen som kan garantera Guds svar. Om samma man söker och ber om en framtida fru utifrån yttre attribut som utbildning, utseende, rikedom, berömmelse och annat liknande – med andra ord, bön fylld med girighet utifrån hans egna tankar – kommer Gud inte att svara honom.

Även om två personer ber till Gud för exakt samma problem har man olika nivåer av helgelse och mått av tro med vilken man kan tro helt och hållet, och den mängd bön Gud tar emot är också olika (Uppenbarelseboken 5:8). En kanske tar emot Guds svar på en månad medan den andra får det efter en dag.

Det är dessutom så att ju större betydelse Guds svar har för ens bön, desto större mängd bön måste bes. I enlighet med lagen i den andliga världen kommer ett större kärl bli prövat på ett större sätt och komma ut som guld medan ett litet kärl kommer bli prövat i mindre skala och bara bli lite använt av Gud. Därför får ingen döma någon och säga, "Se vilka svårigheter han går igenom trots hans trofasthet!" och göra Gud besviken på något sätt. Bland våra förfäder i tron, blev Mose prövad under 40 år och Jakob under 20, och vi vet hur lämpliga kärl båda blev i Guds ögon och de användes för Hans stora syften efter att de hade uthärdat sina prövningar. Tänk på processen det tar för ett fotbollslandslag att formas och tränas. Om en spelare har tillräckligt bra förmåga att han blir antaget till laget, måste han investera mycket tid och kraft på träningen så att han kan representera sitt land.

Oavsett om svaret vi söker från Gud är stort eller litet, måste vi beröra Hans hjärta för att ta emot Hans svar. För att kunna ta emot vad vi än ber om, måste Gud bli berörd och ge oss svar och det blir Han när vi ger Honom rätt summa bön, renar våra hjärtan så att det inte finns någon mur av synd mellan Gud och oss, och ger Honom tacksamhet, glädje, offer och annat liknande som ett bevis på vår tro på Honom.

2. Relationen mellan lagen i den andliga världen och de sju andarna

Som vi såg i metaforen om slaktaren och hans våg, mäter Gud i enlighet med lagen i den andliga världen varje persons mängd bön utan att göra misstag och bestämmer om personen har samlat ihop tillräckligt med bön. Medan de flesta människor dömer utifrån vad de ser med sina ögon, gör Gud en korrekt bedömning med hjälp av Guds sju andar (Uppenbarelseboken 5:6). När man med andra ord har godkänts av de sju andarna får man svaret på ens bön från Gud.

Vad är det de sju andarna mäter?

För det första, de sju andarna mäter ens tro.
Det finns "andlig tro" och "köttslig tro". Den slags tro som de sju andarna mäter är inte tro som huvudkunskap – köttslig tro – utan andlig tro som lever och som efterföljs av gärningar (Jakobs brev 2:22). Det står till exempel i Markus 9 om en far vars barn var besatt av demoner som gjorde honom stum som kom inför

Jesus (Markus 9:17). Fadern sade till Jesus, "Jag tror, hjälp min otro!" Fadern bekänner här med sin köttsliga tro att "Jag tror" och ber Honom om andlig tro genom att säga "Hjälp min otro!". Jesus svarade fadern direkt och botade pojken (Markus 9:18–27). Utan tro är det omöjligt att behaga Gud (Hebreerbrevet 11:6). Därför kan vi uppfylla vårt hjärtas längtan när vi behagar Honom. Med tron som kan behaga Gud kan vi uppnå det vi längtar efter i våra hjärtan. Om vi därför inte tar emot Guds svar fastän Han har sagt oss, "Det ska ske dig i enlighet med din tro", betyder det att vår tro ännu inte är fullständig.

För det andra, de sju andarna mäter ens glädje.

Eftersom 1 Tessalonikerbrevet 5:16 säger oss att vi alltid ska glädja oss är det Guds vilja för oss att vi alltid ska glädja oss. Istället för att vara glad i svåra tider är det många kristna idag som blir fyllda av ångest, fruktan och bekymmer. Om de verkligen av hela sitt hjärta tror på den
levande Guden kan de alltid vara glada, oavsett vilken situation de befinner sig i. De kan glädja sig med ett brinnande hopp riktat mot det eviga himmelriket, inte i denna värld som snart kommer att förgås.

För det tredje, de sju andarna mäter ens bön.

Eftersom Gud säger åt oss att be utan uppehåll (1 Tessalonikerbrevet 5:17) och lovar att ge till dem som ber till Honom (Matteus 7:7), är det logiskt att vi tar emot från Gud det vi ber om i bön. Den slags bön som Gud har behag till är när man har en vana att be (Lukas 22:39) och när man böjer knän och ber i linje med Guds vilja. Med en sådan attityd och ställning kommer vi kunna ropa ut till Gud av hela vårt hjärta och vår bön kommer vara fylld av tro och kärlek. Gud bedömer denna slags bön. Vi ska inte bara be när vi vill ha något eller när vi är ledsna och vår bön ska inte vara ett rabblande utan i enlighet med Guds vilja (Lukas 22:39-41).

För det fjärde, de sju andarna mäter ens tacksamhet.

Eftersom Gud har befallt oss att tacka Honom i alla omständigheter (1 Tessalonikerbrevet 5:18), borde det vara helt naturligt för någon med tro att tacka Gud utifrån sitt hjärta i allt. Varför skulle vi inte vara tacksamma när Han har fört oss från förgörelsens väg till det eviga livets väg? Vi ska vara tacksamma för att Gud möter dem som uppriktigt söker Honom och att Han svarar dem som ber till Honom. Och även om vi möter svårigheter under vårt korta liv i denna värld, ska vi vara tacksamma eftersom vårt hopp står till den eviga himlen.

För det femte, de sju andarna mäter om man håller Guds befallningar eller inte.

1 Johannes brev 5:2 säger oss, *"När vi älskar Gud och håller Hans bud, då vet vi att vi älskar Guds barn"* och Guds bud är inte tunga (1 Johannes brev 5:3). En vana att be på sina knän och att ropa ut till Gud i bön är en bön av kärlek som härstammar från ens tro. Eftersom man har tro och kärlek till Gud kommer man att be i enlighet med Hans ord.

Ändå är det många som klagar över att de inte har fått svar från Gud och de är på väg västerut när Bibeln säger åt dem att "gå österut". Allt de behöver är att tro på det Bibeln säger dem och lyda den. Eftersom de snabbt sätter Guds ord åt sidan, bedömer varje situation enligt deras egna tankar och teorier, och ber om sådant som är bra för dem själva, vänder Gud bort sitt ansikte ifrån dem och svarar dem inte. Tänk dig att du ska möta din vän på tågstationen i New York, men så väljer du att åka med buss i stället för tåget till New York. Oavsett hur länge du väntar på busstationen kommer du aldrig att träffa din vän. Om du går västerut efter att Gud har sagt "gå österut", kan du inte hävda att du har lytt Honom. Ändå är det så tragiskt och förkrossande att se så många kristna med sådan tro. Den tron är varken tro eller kärlek. Om vi säger att vi älskar Gud är det helt naturligt för oss att hålla Hans bud (Johannes 14:15; 1 Johannes brev 5:3).

Kärleken till Gud kommer att driva dig till att be med större iver och uthållighet. Detta kommer i sin tur att bära frukt som frälsning för själarna och evangelisation, och på det sättet uppnås Guds rike och rättfärdighet. Och det kommer stå väl till med din själ och du kommer ta emot kraft till att be. Eftersom du tar emot svar och ger äran till Gud och eftersom du tror på allt kommer det förvandlas till en belöning i himlen, och du kommer bli tacksam och inte bli trött. Om vi därför bekänner vår tro på Gud, är det bara helt naturligt för oss att lyda de Tio budorden, sammanfattningen av de sextiosex bibelböckerna.

För det sjätte, de sju andarna mäter ens trofasthet.

Gud vill att vi ska vara trofasta, inte bara på ett område utan i hela Hans hus. Och som det står i 1 Korinterbrevet 4:2, *"Av en förvaltare krävs att han visar sig pålitlig"* är det helt i sin ordning för dem som fått gudagivna uppdrag att be Gud att styrka dem så att de kan vara pålitliga i allt och trofasta mot människor runt omkring dem. De borde också be om trofasthet i hemmet och på arbetsplatsen, och när de strävar efter att vara trofasta i allt som de är involverade i, måste deras trofasthet uppnås i sanning.

För det sjunde och sista, de sju andarna mäter ens kärlek.

Även om man har uppfyllt alla de sex standarderna ovan säger Gud oss att utan kärlek är vi "ingenting" utan bara "en skrällande cymbal", och att av tro, hopp och kärlek är kärleken den största. Jesus uppfyllde dessutom lagen genom kärlek (Romarbrevet 13:10) och som Hans barn är det enda rätta att vi älskar varandra.

För att kunna ta emot Guds svar på vår bön måste vi först fylla måtten som de sju andarna mäter. Betyder detta att nya troende, som inte ännu vet vad sanningen är, inte kan ta emot Guds svar?

Tänk dig ett litet barn som inte kunnat tala, men som en dag klart och tydligt säger, "Mamma!" Då kommer hans föräldrar bli så glada att de ger honom allt vad han önskar sig.

På samma sätt är det, eftersom det finns olika nivåer av tro, att de sju andarna mäter var och en efter ens nivå och svarar i enlighet med den. Gud blir därför berörd och glad över att ge svar till en nybörjare när hon uttrycker den lilla tro hon har. Gud blir berörd och glad över att svara troende på den andra eller tredje trosnivån när de har uppnått så mycket tro. Troende på den fjärde och femte trosnivån blir omedelbart godkända i de sju andarnas ögon, när de lever efter Guds vilja och ber på ett sätt som är lämpligt, och de tar emot Guds svar mycket snabbare.

För att sammanfatta, ju högre nivå av tro man befinner sig på – ju mer medveten man är om lagen i den andliga världen och lever efter den – desto snabbare kan man ta emot Guds svar. Varför tar då nybörjare ofta emot Guds svar snabbare? Genom den nåd han tar emot från Gud, blir en person som är ny i tron fylld med den helige Ande och blir godkänd i de sju andarnas ögon och kan därför ta emot Guds svar snabbare.

Men när han växer och lär sig mer om sanningen blir han lätt inaktiv och förlorar gradvis sin första kärlek och den nitälskan han hade blir kall och en tendens av att "vi tar det som det kommer" utvecklas.

I vår nitälskan till Gud ska vi se till att vi fyller måttet inför de sju andarna genom att ihärdigt leva efter sanningen, tar emot allt vi ber om från vår Fader i bön, och lever välsignade liv där vi ger ära till Honom!

Kapitel 4

Förgör muren av synd

Se, HERRENS hand är inte för kort,
så att han ej kan frälsa, hans öra är inte tillslutet
så att han ej kan höra.
Nej, det är era missgärningar som skiljer
er och er Gud från varandra,
era synder döljer hans ansikte för er,
så att han inte hör er

———— ✥ ————

(Jesaja 59:1–2).

Gud säger till sina barn i Matteus 7:7-8, *"Bed och ni skall få, sök och ni skall finna, bulta och dörren skall öppnas för er. Ty var och en som ber, han får, och den som söker, han finner, och för den som bultar skall dörren öppnas"* och lovar dem svar på deras bön. Varför är det då så många människor som misslyckas med att ta emot Guds svar på deras bön trots att Hans löfte?

Gud hör inte syndares bön; Han vänder bort sitt ansikte från dem. Han kan inte heller svara på människors bön som har en mur av synd mellan sig själva och Gud. För att kunna njuta av god hälsa och att allt går väl med oss till den grad att det står väl till med vår själ måste det därför vara vår prioritering att förgöra syndens mur som blockerar vår väg till Gud.

Genom att ta reda på olika saker som bygger upp syndens mur, vill jag uppmana var och en av er att bli Guds välsignade barn som omvänder sig från sin synd om det finns någon mur av synd mellan Gud och honom, tar emot allt man ber om till Gud i bön, och ger äran till Honom.

1. Förgör muren av synd som består i att inte tro på Gud och att inte acceptera Herren som din Frälsare

Bibeln säger att det är en synd att inte tro på Gud och acceptera Jesus Kristus som ens Frälsare (Johannes 16:9). Många människor säger, "Jag är syndfri eftersom jag lever ett bra liv" men det är med andlig okunnighet man gör sådana uttalanden eftersom man inte förstår syndens natur. Eftersom Guds ord inte finns i deras hjärtan kan de inte veta skillnaden mellan sant rätt och sant fel och kan inte skilja mellan gott och ont. Eftersom de inte vet vad sann rättfärdighet är, kan de, om standarden i den här världen säger "Du gör inget ont", utan förbehåll säga att de är goda. Oavsett hur bra liv man tycker att man har levt kommer man, när man ser tillbaka på sitt liv i ljuset av Guds ord efter att ha accepterat Jesus Kristus, upptäcka att ens liv inte alls varit "bra". Det beror på att man inser att den största synden av dem alla var att inte tro på Gud eller acceptera Jesus Kristus. Gud är skyldig att svara bön från dem som har accepterat Jesus Kristus och blivit Hans barn, medan Guds barn har rätt att ta emot Hans svar på deras böner i enlighet med Hans löfte.

Orsaken till att Guds barn – som tror på Honom och har accepterat Jesus Kristus som deras Frälsare – inte kan ta emot svar på deras bön är för att de inte inser att det finns en mur som härstammar från deras synd och ondska mellan Gud och dem själva. Det är därför som Gud vänder sitt ansikte ifrån dem och inte svarar deras bön trots att de fastar eller stannar uppe hela natten och ber.

2. Förgör synden som består i att ha misslyckats med att älska varandra

Gud säger oss att det är helt naturligt för Hans barn att älska varandra (1 Johannes brev 4:11). Han säger dessutom till oss att älska våra fiender (Matteus 5:44), och om vi därför hatar våra bröder i stället för att älska dem är vi olydiga mot Guds ord och det är synd.

Eftersom Jesus Kristus visade sin kärlek genom att korsfästas för mänskligheten som var intagen av synd och ondska, är det rätt för oss att älska våra föräldrar, bröder och barn. Det är också en stor synd inför Gud att ha känslor som hat och ovillighet att förlåta varandra. Gud har inte befallt oss att visa Honom den slags kärlek som Jesus hade då Han dog på korset för att återlösa människan från hennes synd; Han vill bara att vi ska vända hatet till att förlåta andra. Varför är det då så svårt?

Gud säger oss att den som hatar sin broder är en "mördare" (1 Johannes brev 3:15), och att Fadern kommer behandla oss på samma sätt om vi inte förlåter våra bröder (Matteus 18:35), och uppmanar oss att vara uppfyllda av kärlek och hålla oss borta från att klaga på varandra och så undvika att döma andra (Jakobs brev 5:9).

Eftersom den helige Ande bor på insidan av oss alla, kan vi älska alla människor genom Jesu Kristi kärlek, Han som korsfästes och återlöste oss från våra synder i det förgångna, nu och i framtiden, när vi omvänder oss inför Honom, vänder oss bort från våra vägar och tar emot Hans förlåtelse. Eftersom människor i denna värld inte tror på Jesus Kristus finns det ingen förlåtelse för dem ens om de omvänder sig, och de kan inte dela sann kärlek med varandra om de inte har den helige Andes ledning.

Även om din broder hatar dig, måste du ha ett sådant hjärta

som gör att du kan stå fast i sanningen, förstå och förlåta honom, och be för honom i kärlek så att du inte blir en syndare, du också. Om vi hatar våra bröder i stället för att älska dem kommer vi att ha synd inför Gud, förlora fullheten i den helige Ande, bli onda och dåraktiga och dagarna i ända klaga och knota. Vi ska inte heller förvänta oss att Gud svarar på vår bön.

Bara genom den helige Andes hjälp kan vi börja älska, förstå och förlåta våra bröder och ta emot allt vi ber om från Gud.

3. Förgör muren av synd som består i att vara olydig mot Guds bud

I Johannes 14:21 säger Jesus till oss, *"Den som har mina bud och håller fast vid dem, han är den som älskar mig. Den som älskar mig skall bli älskad av min Fader, och jag skall älska honom och uppenbara mig för honom."* Det är därför som det står i 1 Johannes brev 3:21, *"Mina älskade, om hjärtat inte anklagar oss är vi frimodiga inför Gud"*. Med andra ord, om det har byggts upp en mur av synd på grund av vår olydnad mot Guds bud, kan vi inte ta emot Hans svar på vår bön. Bara när Guds barn lyder sin Faderns bud och gör det som behagar Honom kan de be Honom om vad de än önskar sig med frimodighet och ta emot vad de har bett om.

1 Johannes 3:24 påminner oss, *"Den som håller fast vid hans budskap förblir i Gud och Gud i honom. Och att Gud förblir i oss, det vet vi av Anden som han gav oss."* Det betonar att det bara är när någons hjärta är fyllt med sanningen genom

att helt och hållet ge vår Herre sitt hjärta och lever enligt den helige Andes ledning, kan man ta emot allt man ber om och ens liv kan vara framgångsrikt på alla sätt.

Om det till exempel finns hundra rum i ens hjärta och man ger alla hundra till Herren, då kommer det stå väl till med ens själ och man kommer ta emot välsignelsen i att allt går väl med en. Men om samma person ger Herren femtio av rummen i sitt hjärta och använder de andra femtio som han själv vill, kan han inte alltid ta emot Guds svar eftersom han bara kommer ta emot den helige Andes ledning hälften av tiden medan han använder de andra femtio för att be till Gud utifrån hans egna tankar eller i enlighet med hans lustfyllda begär i köttet. Eftersom vår Herre bor i var och en av oss, ger Han oss styrka till att antingen gå runt hinder som kan finnas i vår väg, eller ta oss över det. Även om vi går igenom dödsskuggans dal ger Han oss en väg att undkomma den, Han ser till att allt samverkar till det bästa för oss, och låter våra vägar ha framgång.

När vi behagar Gud genom att lyda Hans bud lever vi i Gud och Han lever i oss, och vi kan ge äran till Honom när vi tar emot allt vi ber om i bön. Låt oss förgöra muren av synd som består i att vara olydig mot Guds bud, börja lyda buden, bli frimodig inför Gud, och ge äran till Honom genom att ta emot allt vi ber om.

4. Förgör muren av synd som består i att be för att tillfredsställa ens egna begär

Gud säger till oss att allt vi gör ska vi göra till Hans ära (1 Korinterbrevet 10:31). Om vi ber om någonting annat än Hans ära, försöker vi tillfredsställa våra egna begär och köttets begär, och vi kan inte ta emot Guds svar på sådana förfrågningar (Jakobs brev 4:3).

Om du å ena sidan söker efter materiella välsignelser för Guds rikes och Hans rättfärdighets skull, för att fattiga ska få det lättare, för att själar ska bli frälsta kommer du ta emot Guds svar eftersom du i själva verket söker Hans ära. Om du å andra sidan söker materiella välsignelser för att du vill skryta inför någon som retat dig och sagt, "Hur kan du vara fattig, du som går till kyrkan?" ber du i själva verket i enlighet med det onda för att tillfredsställa dina egna begär, och det kommer inte komma något svar på din bön. Även i den här världen är det så att föräldrar som verkligen älskar sitt barn inte kommer ge honom 100 dollar för att slösa bort på spel. På samma sätt vill inte Gud att Hans barn ska vandra på fel väg och det är därför Han inte svarar alla förfrågningar Hans barn kommer med.

1 Johannes brev 5:14–15 säger oss, *"Och detta är den tillit vi har till honom, att om vi ber om något efter hans vilja, så hör han oss. Och när vi vet att han hör oss, vad vi än ber om, så vet vi också att vi redan har det som vi bett honom om"*. Bara när vi inte tänker på våra egna begär och ber i enlighet med Guds vilja och för Hans ära, kommer vi att ta emot vad vi än ber Honom om i bön.

5. Förgör muren av synd som består i att tvivla i bönen

Det är omöjligt att behaga Gud utan tro eftersom Gud blir nöjd när vi visar Honom vår tro (Hebreerbrevet 11:6). I Bibeln kan vi finna många gånger då Guds svar fann sin väg till människor som visade Honom deras tro (Matteus 20:29-34; Markus 5:22–43, 9:17–27, 10:46-52). När människor misslyckas med att visa deras tro på Gud blev de tillrättavisade för deras "lilla tro" även om de var lärjungar till Jesus (Matteus 8:23–27). När människor visade Gud deras stora tro fick till och med hedningar beröm (Matteus 15:28).

Gud tillrättavisar dem som inte kan tro och som i stället har tvivlet, även om det är litet (Markus 9:16–29), och säger till oss att om vi har det minsta tvivlet medan vi ber, ska vi inte förvänta oss att vi kan få någonting från Herren (Jakobs brev 1:6-7). Om vi alltså till och med fastar och ber hela natten ska vi inte förvänta oss några svar från Gud om vår bön är fylld med tvivel.

Gud påminner oss dessutom, *"Amen säger jag er: Om någon säger till detta berg: Lyft dig och kasta dig i havet, och inte tvivlar i sitt hjärta utan tror att det han säger skall ske, då skall det ske. Därför säger jag er: Allt vad ni ber om och begär, tro att ni har fått det, så skall det vara ert"* (Markus 11:23-24).

Eftersom *"Gud är inte en människa, så att han skulle ljuga, inte en människoson, så att han skulle ångra sig* (4 Mosebok 23:19), har Gud lovat att i sanning svara bönen från dem som tror och ber om Hans härlighet. Människor som älskar Gud och har tro kommer att tro och söka Guds ära och det är därför de får höra att de kan be om vad de vill. När de tror, ber och tar emot svar på allt de ber om, kan dessa människor ge ära åt Gud. Låt oss göra oss av med tvivel och bara tro, be och ta emot från Gud så att vi kan ge äran åt Honom med allt som finns i våra hjärtan.

6. Förgör muren av synd som består i att inte så inför Gud

Som den som styr över allt i universum har Gud fastställt lagen i den andliga världen och som en rättfärdig Domare för Han fram allt i ordning.

Kung Darius kunde inte rädda sin älskade tjänare Daniel från lejongropen, trots att han var kung. Han kunde inte gå emot den lag han själv hade fastställt. På samma sätt kan Gud inte gå emot lagen i den andliga världen som Han själv har fastställt då allt i universum styrs på ett systematiskt sätt av Honom som har kontrollen. Därför kan "Gud inte bedras", Han låter människan skörda vad hon har sått (Galaterbrevet 6:7). Om någon sår bön kommer han att skörda andliga välsignelser; om han sår sin tid kommer han att få välsignelser av god hälsa; om han sår offer kommer Gud att skona honom från problem på hans arbetsplats, i hans hem samt ge honom ännu större materiella välsignelser.

När vi sår inför Gud på olika sätt svarar Han vår bön och ger oss allt vi ber om. Genom att vara ivriga i att så inför Gud kan vi inte bara bära överflödande frukt utan också ta emot allt vi ber Honom om.

Förutom de sex murarna av synd som nämnts ovan, är "synd"

samma sak som köttets begär och gärningar som orättfärdighet, avundsjuka, vrede, ilska och högmod, att man inte kämpar mot synd ända till blods och att man inte ivrigt söker Guds rike. Genom att lära oss och förstå olika faktorer som bygger upp en mur mellan oss och Gud kan vi förgöra muren av synd och alltid ta emot Guds svar och på så sätt ge ära till Honom. Vi alla borde bli troende som njuter av god hälsa och där det går bra för oss i allt vi gör, liksom det står väl till med vår själ.

Baserat på Guds ord i Jesaja 59:1-2 har vi utforskat ett antal faktorer som bygger upp en mur mellan Gud och oss själva. Må var och en av er bli Guds välsignade barn som först förstår vad muren består av, njuter av god hälsa och ser att allt går väl i allt ni gör, liksom det står väl till med era själar och ger ära till er himmelske Fader genom att ta emot allt ni ber om, i Jesu Kristi namn jag ber!

Kapitel 5

Du skördar vad du har sått

Det säger jag: Den som sår sparsamt skall skörda sparsamt, och den som sår rikligt skall skörda rikligt. Var och en må ge vad han har beslutat sig för i sitt hjärta, inte med olust eller av tvång. Ty Gud älskar en glad givare

(2 Korinterbrevet 9:6-7).

Varje höst kan vi se överflöd av gyllene, böljande mogna risplantor på fälten. Vi vet att jordbrukaren har arbetat hårt allt sedan sådden med att gödsla åkern för att plantorna ska får näring under våren och sommaren, allt för att risplantorna ska kunna skördas.

En bonde med en stor åker och som sår mer frön måste arbeta hårdare än en bonde som sår färre frön. Men med hopp om att få skörda mycket arbetar han hårdare och uthålligare. Precis som naturlagarna säger "Som man sår får man skörda" behöver vi förstå att den lag som Gud har, som äger den andliga världen, följer samma spår.

Bland kristna idag finns det de som fortsätter att be Gud uppfylla deras längtan men de sår inte, medan andra klagar över att de inte har fått Hans svar trots att de har bett mycket. Trots att Gud vill ge överflödande välsignelser och svar på alla sina barns problem, har de inte förstått lagen om sådd och skörd och därför kan de inte ta emot det de längtar efter från Gud.

Baserat på naturlagen som säger oss, "Som man sår får man skörda" ska vi ta reda på vad vi ska så och hur vi ska så för att alltid kunna ta emot Guds svar och ge ära till Honom, utan undantag.

1. Först måste åkern kultiveras

Innan några frön kan sås måste en bonde kultivera åkern som han ska arbeta med. Han gräver upp stenar, jämnar till marken och skapar en miljö och ett tillstånd som gör att fröna kan växa ordentligt. Om bonden är ihärdig och arbetar hårt kan till och med ett öde land förvandlas till fruktbar jord.

Bibeln liknar varje persons hjärta med en åker och delar in den i fyra olika typer (Matteus 13:3-9).

Den första typen är "åkern som är som vägkanten".

Jordmånen i åkern som är som vägkanten är hård. En person med ett sådant hjärta går till kyrkan men fastän han har hört ordet öppnar han inte sitt hjärtas dörr. Därför kan han inte lära känna Gud och eftersom han inte har tillräckligt med tro misslyckas han med att bli upplyst.

Den andra typen är "åkern med stenar".

På den steniga marken kan inga frön växa ordentligt, just för att det finns stenar i åkern. En person med ett sådant hjärta har kunskap om ordet men bara som huvudkunskap och hans tro efterföljs inte av gärningar. Eftersom han saknar fastheten i tron faller han snabbt när tider av prövningar och lidande kommer.

Den tredje typen är "åkern med törnebuskar".

På åkern med törnebuskar kan inga bra frukter skördas eftersom törnen växer upp och kväver plantorna. En person med ett sådant hjärta tror på Guds ord och försöker leva efter det. Men han handlar inte efter Guds vilja utan i enlighet med sitt kötts begär. Eftersom tillväxten av ordet som har såtts i hans hjärta bli påverkad av frestelser av att äga mycket och att bli något i denna värld, kan han inte bära frukt. Trots att han ber kan han ändå inte lita på den "osynlige" Gud vilket gör att han lätt involverar sina egna tankar och vägar. Det är därför han misslyckas med att uppleva Guds kraft eftersom han bara kan se det på avstånd hos någon annan.

Den fjärde typen är "åkern med god jord".

En troende som har den goda jorden säger enbart "Amen" till allt som är Guds ord och lyder det med tro utan att involvera egna tankar eller göra egna beräkningar. När frön sås i den goda jorden växer de ordentligt och bär frukt hundra-, sextio- eller trettiofalt mot vad som såddes.

Jesus sade enbart "Amen" och var trogen mot Guds ord (Filipperbrevet 2:5-8). På samma sätt är en människa med "god jord" i hjärtat ovillkorligen trogen Guds ord och lever efter det. Om Hans ord säger att han ska vara glad hela tiden kommer han att vara glad i alla omständigheter. Om Hans ord säger att han ska be hela tiden, ber han med uthållighet. En person som har god jord i hjärtat kan alltid kommunicera med Gud, ta emot vad han än ber om och leva efter Hans vilja.

Oavsett vilken slags jordmån vi har för närvarande kan vi alltid förvandla den till god jord. Vi kan plöja upp stenåkern och röja undan stenarna och törnebuskarna och gödsla vilken åker som helst.

Hur kan vi då kultivera våra hjärtan så att de blir "god jord"?

För det första, vi ska tillbe Gud i ande och i sanning. Vi måste ge Gud hela vårt sinne, vår vilja, överlåtelse och styrka, och i kärlek offra vårt hjärta till Honom. Bara då kan vi vara beskyddade från lata tankar, trötthet och dåsighet och kunna göra våra hjärtan till god jord genom kraften som kommer ovanifrån.

För det andra, vi måste kämpa mot våra synder ända till blods. När vi lyder Guds ord helt och hållet, även alla bud som innehåller "Gör detta" och "Gör inte detta", och lever efter det kommer våra hjärtan gradvis förvandlas till god jord. Det är bara om vi ber med ivrig bön varje gång avundsjuka, svartsjuka, hat och annat sådant dyker upp, som våra hjärtan kan förvandlas till god jord.

Lika mycket som vi undersöker vårt hjärtas åker och uthålligt kultiverar den, lika mycket växer vår tro och i Guds kärlek kommer allt som angår våra liv gå väl. Vi måste kultivera vår jordmån med brinnande iver eftersom ju mer vi lever efter Guds ord, desto mer växer vår andliga tro. Ju mer vår andliga tro växer, desto mer "god jord" kan vi få. För att det ska ske måste vi kultivera vårt hjärta med större uthållighet.

2. Olika frön måste sås

När väl åkern har kultiverats börjar bonden så frön. Precis som man äter varierad mat för att bevara hälsan, planterar bonden frön och växter av olika slag, som ris, vete, grönsaker, bönor och annat.

När vi sår inför Gud ska vi så många olika saker. Att "så" andligt betyder att man lyder alla Guds bud, dem som Han säger åt oss att "göra". Om Gud till exempel säger åt oss att alltid vara glada, kan vi så vår glädje som härstammar från vårt hopp om himlen, och genom denna glädje kan Gud också fröjda sig och Han ger oss allt vi längtar efter i våra hjärtan (Psaltaren 37:4). Om Han säger "Predika evangeliet" måste vi uthålligt sprida Guds ord. Om Han säger till oss "Älska varandra", "Var trofast", "Var tacksam" och "Be" behöver vi göra just det och uthålligt fortsätta göra vad vi har fått höra att vi ska göra.

Eftersom det är en handling av sådd inför Gud att leva efter Hans ord och ge tionde och hålla sabbaten kan vi på så sätt skjuta skott, växa ordentligt, blomstra och bära överflödande frukt när vi gör det.

Om vi sår sparsamt, motvilligt eller med tvång accepterar Gud inte vår sådd. Precis som en bonde som sår sin säd med hopp om en god skörd till hösten, behöver vi också med tro fästa våra ögon på Gud som välsignar oss hundra, sextio eller trettio gånger mer än vad vi har sått.

Hebreerbrevet 11:6 säger oss, *"Men utan tro är det omöjligt att behaga Gud. Ty den som kommer till Gud måste tro att han är till och belönar dem som söker honom."* Genom att sätta vår förtröstan till Hans ord, fästa våra ögon på vår Gud som belönar och så inför Honom, kan vi skörda i överflöd i den här världen och samla belöningar i himmelriket.

3. Åkern måste tas om hand med uthållighet och med överlåtelse

När bonden har sått fröna tar han hand om åkern med en väldig omsorg. Han vattnar växterna, plockar bort ogräs och fångar insekter. Om han inte gör sådana bevarande åtgärder kommer växterna kanske växa upp men de kommer att vissna innan de bär frukt.

Andligt talat står "vatten" för Guds ord. Som Jesus säger oss i Johannes 4:14, *"Men den som dricker av det vatten jag ger honom skall aldrig någonsin törsta. Det vatten jag ger skall i honom bli en källa, som flödar fram och ger evigt liv"* symboliserar vatten evigt liv och sanningen. "Fånga insekter" står för att vaka över Guds ord som planterats i vårt hjärtas åker så att inte fienden djävulen kommer och tar bort det. Genom tillbedjan, lovsång och bön kan fullheten bestå i våra hjärtan trots att fienden djävulen kommer för att störa växten på åkern.

"Plocka bort ogräs" är processen då vi vänder oss bort från osanningar som vrede, hat och annat sådant. När vi ber uthålligt och strävar efter att göra oss av med vrede och hat dras vreden upp med roten i det att ett frö av ödmjukhet skjuter upp, och hat rycks upp med roten i det att ett frö av kärlek skjuter upp. När osanningarna har dragits upp som ogräs dras upp och fienden djävulen som stör har blivit infångad, kan vi växa upp som Guds sanna barn.

En viktig faktor i att ta hand om åkern efter att fröna har såtts är att med uthållighet vänta på rätt tid. Om bonden gräver i jorden strax efter att han har sått fröna för att se om hans plantor växer eller inte, då kan fröna inte slå rot så lätt. Det krävs mycket noggrannhet och uthållighet innan det är dags för skörd.

Tiden som är nödvändig för att det ska bli frukt varierar från frö till frö. Medan meloner eller vattenmeloner kan bära frukt på mindre än ett år, tar det några år för päron- och äppelträd att bära frukt. En bonde som sår ginseng blir mycket gladare för skörden än vad en vattenmelonbonde blir eftersom värdet på ginseng som har kultiverats under flera år inte ens kan jämföras med vattenmelonens som bara tagit kort tid på sig för att växa till.

När vi på samma sätt sår inför Gud i enlighet med Hans ord, kan vi ibland få ta emot Hans svar direkt och skörda frukten, medan det ibland kan krävas längre tid. Som Galaterbrevet 6:9 påminner oss, "Låt oss inte tröttna på att göra gott. Ty när tiden är inne får vi skörda, om vi inte ger upp" måste vi ta hand om vår åker med uthållighet och noggrannhet tills tiden är inne för skörd.

4. Du skördar vad du har sått

I Johannes 12:24 säger Jesus oss, *"Amen, amen säger jag er: Om vetekornet inte faller i jorden och dör, förblir det ett ensamt korn, men om det dör, bär det rik frukt".* I enlighet med Hans lag planerade rättfärdighetens Gud att Jesus Kristus, Hans enfödde Son, skulle bli ett försoningsoffer för mänskligheten och Han lät Honom bli som ett vetekorn som faller i jorden och dör.

Genom sin död producerade Jesus mycket frukt.
Lagen i den andliga världen liknar naturlagen som säger "som man sår får man skörda" och Guds lag kan inte överträdas. Galaterbrevet 6:7-8 uttrycker tydligt för oss, *"Bedra inte er själva. Gud bedrar man inte: det människan sår skall hon också skörda. Den som sår i sitt kötts åker skall av köttet skörda undergång, men den som sår i Andens åker skall av Anden skörda evigt liv".*

När en bonde sår frön i sin åker kanske han kan skörda en del tidigare än andra, beroende på vilka slags frön han har sått, och han fortsätter att så frön när han skördar. Ju mer bonden sår och noggrant tar hand som sin åker, desto större skörd kommer han att få. Så är det också i vår relation med Gud, vi får skörda vad vi har sått.

Om du sår bön och lovsång kommer du genom kraften från ovan kunna leva efter Guds ord därför att det står väl till med din själ. Om du trofast arbetar för Guds rike kommer vilken sjukdom som helst att lämna dig i det att du tar emot välsignelser i kött och ande. Om du sår av dina materiella ägodelar, tionde och tacksamhetsoffer med nitälskan, kommer Han ge dig större materiella välsignelser genom vilka Han ger dig förmåga att använda dem för Hans rike och rättfärdighet.

Vår Herre som belönar varje person efter vad han har gjort, säger oss i Johannes 5:29, *"De som har gjort gott skall uppstå till liv, och de som har gjort ont skall uppstå till dom".* Därför måste vi leva efter den helige Ande och göra gott i våra liv.

Om någon inte sår i den helige Ande utan efter sina egna

begär kan han bara skörda sådant som har med den här världen att göra, sådant som till slut kommer gå under. Om du mäter och dömer andra kommer du själv att bli mätt och dömd eftersom Guds ord säger, *"Döm inte, så blir ni inte dömda. Ty med den dom ni dömer med, skall ni bli dömda, och med det mått ni mäter med, skall det mätas upp åt er"* (Matteus 7:1-2).

Gud förlät oss alla våra synder som vi begått innan vi accepterade Jesus Kristus. Men om vi begår synder efter att vi har lärt oss sanningen och om synd kommer vi få vedergällning, även om vi får förlåtelse genom omvändelse.

Om du har sått synd kommer du i enlighet med lagen i den andliga världen skörda frukten av din synd och möta tider av prövning och lidande.

När Guds älskade David syndade sade Gud till honom, *"Varför har du då föraktat HERRENS ord och gjort det som är ont i hans ögon?"* och *"Jag skall sända olyckor över dig från ditt eget hus"* (2 Samuelsboken 12:9, 11). Fastän Davids synder blev förlåtna när han omvände sig, *"Jag har syndat mot HERREN"*, vet vi också att Gud dödade det barn som Urias hustru födde åt David (2 Samuelsboken 12:13-15).

Vi behöver leva efter sanningen och göra gott, komma ihåg att vi i alla situationer får skörda vad vi har sått. Vi behöver så i den helige Ande, ta emot evigt liv från den helige Ande och alltid ta emot Guds överflödande välsignelser.

I Bibeln finns det många personer som behagade Gud och som därefter tog emot Hans överflödande välsignelser. Eftersom kvinnan i Sunem alltid tog hand om gudsmannen Elisa med största respekt och gästfrihet stannade han i hennes hus varje gång han kom till det området. Efter att ha tagit upp det med sin man om att göra iordning ett gästrum för Elisa gjorde hon iordning ett rum för profeten och placerade en säng, ett bord, en stol och en lampa där och övertalade Elisa att bo i hennes hus (2 Kungaboken 4:8–10).

Elisa blev djupt berörd av kvinnans överlåtelse. När han förstod att hennes man var till åren, att de var barnlösa och att kvinnans önskan var att få ett eget barn bad Elisa Gud om att välsigna denna kvinna med att föda, och Gud gav henne en son ett år senare (2 Kungaboken 4:11–17).

Som Gud lovar oss i Psaltaren 37:4, *"Ha din glädje i HERREN, han skall ge dig vad ditt hjärta begär"* fick den sunemitiska kvinnan det hennes hjärta begärde när hon behandlade Guds tjänare med omsorg och överlåtelse (2 Kungaboken 4:8–17).

I Apostlagärningarna 9:36–40 står det om en kvinna i Joppe som hette Tabita och som var känd för sin vänlighet och givmildhet. När hon blev sjuk och dog berättade lärjungarna det för Petrus. När han kom dit visade änkorna Petrus de mantlar och livklädnader som Tabita hade gjort för dem och bad honom att föra tillbaka kvinnan till livet. Petrus blev djupt berörd av kvinnornas handlingar och bad ivrigt till Gud. När han sade, "Tabita, stå upp!" öppnade hon sina ögon och satte sig upp. Eftersom Tabita hade sått inför Gud genom goda gärningar och att ge till de fattiga kunde hon ta emot välsignelsen av att hennes liv förlängdes.

I Markus 12:44 står det om en fattig änka som gav Gud allt hon hade. Jesus såg när folket gav sina offer i templet och sade till sina lärjungar, *"Ty alla gav de av sitt överflöd, men hon gav av sin fattigdom, allt vad hon hade att leva på"* och berömde henne. Det är inte svårt att förstå att den kvinnan tog emot stora välsignelser senare i sitt liv.

I enlighet med lagen i den andliga världen låter rättfärdighetens Gud oss skörda vad vi har sått och belönar oss efter vad var och en av oss har gjort. Eftersom Gud verkar i enlighet med vars och ens tro när vi tror på Hans ord och lyder det, behöver vi förstå att vi kan ta emot allt vi ber om i bön. Det här behöver var och en av er komma ihåg när ni undersöker era hjärtan, noggrant kultiverar det till god jord, sår många frön, tar hand om dem med uthållighet och noggrannhet och bär överflödande frukt, i vår Herre Jesu Kristi namn jag ber!

Kapitel 6

Elia tog emot Guds svar med eld

Elia sade till Ahab: "Bege dig upp, ät och drick, för jag hör bruset av regn." Då begav sig Ahab upp för att äta och dricka. Men Elia steg upp på Karmels topp och böjde sig ner mot marken med ansiktet mellan knäna. Han sade till sin tjänare: "Gå upp och se utåt havet!" Han gick då upp och såg ut över havet, men sade: "Jag ser ingenting." Sju gånger sade han till honom att gå tillbaka. När han kom dit sjunde gången, sade han: "Se, ett litet moln som en mans hand, stiger upp ur havet." Så sade han: "Gå och säg till Ahab: Spänn för och far ner, så att inte regnet håller dig kvar." I ett nu blev himlen mörk av moln och storm, och ett kraftigt regn föll. Och Ahab steg upp i sin vagn och for till Jisreel. Men HERRENS hand hade kommit över Elia, så att han band upp sina kläder och sprang framför Ahab ända till Jisreel

(1 Kungaboken 18:41-45).

Guds kraftfulle tjänare Elia kunde vittna om den levande Guden och göra det möjligt för avgudadyrkande israeliter att omvända sig från sina synder med Guds svar med eld som han hade bett om och tagit emot. Under tre och ett halvt år hade det dessutom inte kommit något regn på grund av Guds vrede mot israeliterna och det var Elia som gjorde miraklet så att torkan tog slut och ett kraftigt regn föll.

Om vi tror på den levande Guden måste vi i våra liv också ta emot Guds svar genom eld som Elia, vittna om Honom och ge ära åt Honom.

Genom att titta noggrannare på Elias tro, genom vilken han tog emot Guds svar med eld och med egna ögon såg sitt hjärtas begär bli uppfyllt, ska vi också bli välsignade barn som alltid tar emot vår Faders svar genom eld.

1. Guds tjänare Elias tro

Som Guds utvalda hade israeliterna enbart tillbett Gud, men deras kungar hade gjort det som var ont i Guds ögon och tillbett avgudar. När Ahab besteg tronen började Israels folk göra mer ont och avgudadyrkan nådde sin kulmen. Det gjorde att Guds vrede mot Israel drog ner katastrofen av tre och ett halvt års torka. Gud bekräftade Elia som sin tjänare och genom honom manifesterade Han sina gärningar.

Gud sade till Elia, *"Gå och träd fram inför Ahab, så skall jag låta det regna på jorden"* (1 Kungaboken 18:1).

Mose, som förde ut israeliterna från Egypten, var först olydig mot Gud när Han befallde honom att gå inför Farao. När Samuel fick höra att han skulle gå och smörja David var profeten också först olydig mot Gud. Men när Gud sade åt Elia att gå och träda fram inför Ahab, kungen som hade försökt döda honom i tre år, lydde denne profeten Gud ovillkorligen och visade Honom den slags tro som Gud har behag till.

Eftersom Elia lydde och trodde på allt som var Guds ord kunde Gud manifestera sina gärningar om och om igen genom profeten. Gud hade behag till Elias lydiga tro, älskade honom, erkände honom som sin tjänare, var med honom var han än gick och tog hand om allt som rörde hans liv. Eftersom Gud godkände Elias tro kunde han uppväcka döda, ta emot Guds svar med eld och tas upp till himlen i en stormvind. Trots att det bara finns en Gud som sitter på sin himmelska tron kan den allsmäktige Guden se allt som sker i universum och låta sina gärningar ske överallt där Han är. När en person och hans tro erkänns av Gud efterföljs personens böner av tecken som bekräftelse på att Gud manifesterar sitt verk, precis som vi ser i Markus 16:20, *"Och de gick ut och predikade överallt, och Herren verkade tillsammans med dem och bekräftade ordet genom de tecken som åtföljde det"*.

2. Elia tar emot Guds svar med eld

Eftersom Elias tro var stor och han var tillräckligt lydig för att vara värdig Guds erkännande, kunde profeten frimodigt profetera om den kommande torkan för Israel.

Han kunde proklamera inför kung Ahab, *"Så sant HERREN, Israels Gud, lever, honom som jag tjänar: Under de här åren skall varken dagg eller regn falla, om inte jag säger det"* (1 Kungaboken 17:1).

Eftersom Gud redan visste att Ahab skulle hota Elia till livet för att han profeterat om torkan, ledde Gud profeten till bäcken Kerit, sade åt honom att stanna där ett tag och befallde korparna att komma med bröd och kött till honom på morgonen och på kvällen. När bäcken Kerit torkade ut på grund av brist på regn ledde Gud Elia till Sarefat och lät en kvinna där förse honom med mat.

När kvinnans son blev sjuk, och sjukare och till slut dog, ropade Elia till Gud i bön: *"HERRE, min Gud, låt denne pojkes själ komma tillbaka in i honom"* (1 Kungaboken 17:21)!

Gud hörde Elias bön, förde tillbaka pojken till livet, och lät honom leva. Genom denna händelse bevisade Gud att Elia var en gudsman och att Guds ord i hans mun är sanning (1 Kungaboken 17:24).

Människor i vår generation lever i en tid då de aldrig kan tro på Gud om de inte ser mirakulösa tecken och under (Johannes 4:48). För att kunna vittna om den levande Guden idag måste var och en av oss vara beväpnade med samma slags tro som Elia hade och frimodigt gå fram och sprida evangeliet.

I det tredje året efter profetian då Elia hade sagt till Ahab, *"Under de här åren skall varken dagg eller regn falla, om inte jag säger det"* sade Gud till sin profet, *"Gå och träd fram inför Ahab, så skall jag låta det regna på jorden"* (1

Kungaboken 18:1). Vi finner i Lukas 4:25 att *"... på Elias tid, då himlen var tillsluten i tre år och sex månader och det kom en stor hungersnöd över hela landet"*. Det kom med andra ord inget regn över Israel under tre och ett halvt år. Innan Elia trädde fram inför Ahab den andra gången hade kungen förgäves letat efter profeten till och med i grannländerna eftersom han tyckte att Elia bar skulden för den tre och ett halvt-åriga torkan.

Även om Elia kunde ha dödats i den stund han trädde fram inför Ahab lydde han frimodigt Guds ord. När Elia stod inför Ahab frågade kungen honom, *"Är du här, du som drar olycka över Israel?"* (1 Kungaboken 18:17). Elia svarade honom, *"Det är inte jag som drar olycka över Israel, utan du och din fars hus. Ni överger ju HERRENS bud och följer efter baalerna"* (1 Kungaboken 18:18). Han framförde Guds vilja till kungen och fruktade aldrig. Elia gick ännu längre och sade till Ahab, *"Men sänd nu bud och samla hela Israel till mig på berget Karmel tillsammans med Baals fyrahundrafemtio profeter och Aseras fyrahundra profeter, de som äter vid Isebels bord"* (1 Kungaboken 18:19).

Eftersom Elia var väl medveten om att torkan hade kommit över Israel på grund av folkets avgudadyrkan sökte han en överenskommelse med de 850 avgudaprofeterna och de bekräftade, *"Den gud som svarar med eld – han är Gud."* Eftersom Elia trodde på Gud visade profeten Honom den tron genom vilken han kunde tro att Gud skulle svara med eld.

Sedan sade han till Baals profeter, *"Välj ut åt er den ena tjuren och gör den i ordning. Ni får välja först, eftersom ni är fler. Åkalla därefter er guds namn, men tänd inte elden!"* (1 Kungaboken 18:25). Baals profeter höll på från morgon till kväll utan att få något svar och Elia retades med dem.

Elia trodde att Gud skulle svara honom med eld, och befallde med glädje att israeliterna skulle bygga altaret och hälla ut vatten över offret och på veden, och bad sedan till Gud.

Svara mig, HERRE, svara mig, så att detta folk förstår att det är du HERRE som är Gud, och omvänd du deras hjärtan" (1 Kungaboken 18:37).

Då föll HERRENS eld ner och förtärde brännoffret och veden och stenarna och jorden och torkade upp allt vattnet som fanns i diket. När allt folket såg detta, föll de ner på sina ansikten och sade, *"Det är HERREN som är Gud! Det är HERREN som är Gud!"* (1 Kungaboken 18:38-39).

Allt detta blev möjligt därför att Elia inte tvivlade en sekund när han bad till Gud (Jakobs brev 1:6) och han trodde att han redan hade tagit emot det han hade bett om (Markus 11:24).

Varför befallde Elia att vatten skulle hällas över offret innan han bad? På grund av torkan som varat i tre och ett halvt år var vatten det svåraste att få tag på och det mest värdefulla av alla nödvändigheter man kunde få tag på. Genom att fylla fyra stora krukor med vatten och hälla över offret tre gånger (1 Kungaboken 18:33-34) visade Elia Gud sin tro och gav Honom det som var honom allra dyrbarast. Gud som älskar en glad givare (2 Korinterbrevet 9:7) lät inte Elia bara skörda vad han hade sått, utan gav också profeten Hans svar med eld och bevisade för hela Israel att deras Gud i sanning lever. När vi följer Elias fotspår och visar Gud vår tro, när vi ger Honom det allra dyrbaraste vi har och förbereder oss själva för att ta emot Hans svar på vår bön, kan vi vittna om den levande Guden för alla människor genom att Hans svar kommer med eld.

3. Elia fick ett kraftigt regn att falla

Efter att ha presenterat den levande Guden för israeliterna genom Hans svar med eld och ha fått det avgudadyrkande Israel att omvända sig, kom Elia ihåg den ed han hade givit Ahab – *"Så sant HERREN, Israels Gud, lever, honom som jag tjänar: Under de här åren skall varken dagg eller regn falla, om inte jag säger det* (1 Kungaboken 17:1). Han sade till kungen, "Bege dig upp, ät och drick, för jag hör bruset av regn." (1 Kungaboken 18:42), och gick upp till toppen av berget Karmel. Han gjorde så för att uppfylla Guds ord, "Jag kommer sända regn över jordens yta", och ta emot Hans svar.

När han stigit upp på Karmels topp böjde han sig ner mot marken med ansiktet mellan knäna. Varför bad Elia så? Därför att Elia var i svår ångest när han bad.

Genom denna bild kan vi föreställa oss hur ivrigt Elia ropade ut till Gud med hela sitt hjärta. Han slutade inte heller be förrän han såg Guds svar med sina egna ögon. Profeten sade till sin tjänare att titta ut mot havet och ända tills tjänaren såg ett moln, litet som en mans hand, bad Elia på detta sätt sju gånger. Detta var mer än tillräckligt för att imponera på Gud och skaka Hans himmelska tron. Eftersom Elia kunde be ner regn efter tre och ett halvt års torka kan vi föreställa oss att hans bön var väldigt kraftfull.

När Elia tog emot Guds svar med eld erkände han med sina läppar att Gud skulle verka för honom fastän Gud inte hade sagt det; han gjorde samma sak när han bad ner regnet När profeten såg ett moln, litet som en mans hand, sände han ett ord till Ahab, *"Spänn för och far ner, så att inte regnet håller dig kvar"* (1 Kungaboken 18:44). Eftersom Elia hade tron genom vilken han kunde bekänna med sina läppar det han inte ens kunde se (Hebreerbrevet 11:1), kunde Gud verka i enlighet med profetens tro så att på ett ögonblick förvandlades himlen till mörka moln och vindar, och ett kraftigt regn föll (1 Kungaboken 18:45).

Vi måste tro att den Gud som gav Elia svar med eld och ett efterlängtat regn efter en torka som hade varat i tre år och sex månader, är samma Gud som driver iväg våra prövningar och lidanden, ger oss det vi längtar efter i våra hjärtan och ger oss sina förundransvärda välsignelser.

Jag är säker på att ni nu har insett att för att kunna ta emot Guds svar med eld, ge ära till Honom och uppfylla era hjärtans längtan, måste ni först visa Honom den tron som Han har behag till, förgöra alla murar av synd som står mellan Gud och er, och be Honom om vad som helst utan att tveka.

För det andra behöver ni i glädje bygga ett altare inför Gud, ge Honom offer och be ivrigt. För det tredje, innan ni tar emot Hans svar ska ni erkänna med era läppar att Gud kommer att verka för er. Då kommer Gud bli mycket nöjd och besvara er bön för att ni ska kunna ge ära till Honom med allt vad ni har i era hjärtan.

Vår Gud svarar oss när vi ber till Honom för problem som gäller vår själ och hälsa, våra barnoch jobb, ja på alla områden, och tar emot ära från oss. Låt oss också se till att vi har den fulla tron som Elia hade, be tills vi tar emot Guds svar och blir Hans välsignade barn som alltid ger ära till vår Fader!

Kapitel 7

Att uppfylla ditt hjärtas längtan

Ha din glädje i HERREN, han skall ge dig
vad ditt hjärta begär

(Psaltaren 37:4).

Det är många människor idag som söker svar från den allsmäktige Guden på en mängd olika problem. De ber med nitälskan, fastar och ber nätterna igenom för att ta emot helande, för att bygga upp deras raserade företag, för att få föda barn, och ta emot materiella välsignelser. Tyvärr är det fler människor som inte kan ta emot Guds svar och ge ära till Honom än de som kan.

När de inte hör från Guds mun på en eller två månader blir dessa människor trötta och säger "Gud finns inte" och vänder sig bort från Gud och börjar tillbe avgudar, och på så sätt drar de ner Guds namn i smutsen. Om en person går till kyrkan men misslyckas med att ta emot Guds kraft och ge ära till Honom, hur kan detta vara "sann tro"?

Om man bekänner att man verkligen tror på Gud, då måste man, som Hans barn, kunna ta emot det man längtar efter i sitt hjärta och uppnå vad det än är man vill uppnå under sitt liv i den här världen. Men många misslyckas med att uppfylla sitt hjärtas längtan fastän de proklamerar att de tror. Det är för att de inte vet själva. Med det skriftstället som detta kapitel är baserat på, låt oss utforska de sätt som vi kan uppfylla vårt hjärtas längtan.

1. Först måste man utforska sitt eget hjärta

Varje person måste se tillbaka och utforska om han verkligen tror på den allsmäktige Guden, eller om tron är halvhjärtad blandad med tvivel, eller om det i själva verket är ett listigt hjärta som bara är ute efter någon slags lyckträff. Innan man lär känna Jesus Kristus spenderar de flesta människor sina liv på att antingen tillbe avgudar eller att lita på sin egen förmåga. I tider av stora prövningar och lidanden, när de inser att de katastrofer de möter inte kan lösas med mänsklig kraft eller med hjälp av deras avgudar, så hör de talas om Gud som kan lösa deras problem och det slutar med att de kommer inför Honom.

I stället för att fästa sina ögon på Gud som har makten, har man i denna värld tvivel och säger, "Skulle Han inte svara mig fastän jag tigger och ber om hjälp?" eller "Kanske bön kan lösa min kris". Men den allsmäktige Guden som styr över mänsklighetens historia likväl som människans liv och död, förbannelse och välsignelse, Han som uppväcker döda och utforskar människans hjärta, svarar inte en person som har ett tvivlande hjärta (Jakobs brev 1:6-8).

Om man verkligen vill uppfylla ens hjärtas begär måste man först göra sig av med sitt tvivel och lycksökande hjärta och tro att man redan har tagit emot allt man ber den allsmäktige Guden om i bön. Bara då kommer maktens Gud visa Honom kärlek och låta honom få det hans hjärta längtar efter.

2. För det andra måste man undersöka ens frälsningsvisshet och ens tros tillstånd

I församlingarna idag finns det många troende som har problem med sin tro. Det är förkrossande att se ett så överraskande stort antal människor som går vilse andligt sett, som inte klarar av att se eftersom de är andligt arroganta, att deras tro är på väg åt fel håll, och andra som saknar frälsningsvisshet trots att de har levt många år i Kristus och tjänat Honom.

Romarbrevet 10:10 säger oss, *"Ty med hjärtat tror man och blir rättfärdig, med munnen bekänner man och blir frälst"*. När du öppnar ditt hjärtas dörr och accepterar Jesus Kristus som din Frälsare och genom nåden från den helige Ande som ges till dig för intet, kan du ta emot rätten att bli Guds barn. När du med dina läppar bekänner att Jesus Kristus är Herre och i ditt hjärta tror att Gud har uppväckt Jesus från de döda, blir du säker på att du är frälst.

Om du inte är säker på om du har tagit emot frälsningen, finns det ett problem med din tros tillstånd. För om du saknar visshet om att Gud är din Fader och att du har fått himmelskt medborgarskap och blivit Hans barn, kan du inte leva efter Faderns vilja.

Det är därför som Jesus säger oss, *"Inte skall var och en som säger 'Herre, Herre' till mig komma in i himmelriket, utan den som gör min himmelske Faders vilja"* (Matteus 7:21). Om relationen mellan Gud Fadern och barnet ännu inte har kommit igång för en person, är det inte konstigt att personen inte har tagit emot Hans svar. Även om relationen har kommit igång kan man inte heller ta emot Guds svar om det är något fel på ens hjärta inför Gud.

Om du därför blir Guds barn som har visshet om frälsningen och omvänder dig från att inte ha levt enligt Guds vilja, löser Han alla dina problem som sjukdom, problem i företaget och ekonomiska problem, och Han kommer låta allt samverka till ditt bästa.

Om du söker Gud för de problem du har med ditt barn, kommer Gud hjälpa dig med sanningens ord att ta reda på vad det är för problem som finns mellan dig och ditt barn. Ibland ligger skulden hos barnet; men oftare är det föräldrarna som är ansvariga för svårigheterna som har uppstått hos deras barn. Innan en förälder börjar peka finger mot barnet behöver de först vända sig bort från felaktiga vägar och omvända sig från dem, sträva efter att uppfostra sina barn på ett ordentligt sätt, och överlåta allt till Gud. Då ger Han dem vishet och låter allt samverka till det bästa för både föräldrarna och deras barn.

Om du därför kommer till kyrkan och söker svar på problemen du har med dina barn, sjukdomar, ekonomin och annat sådant måste du först, innan du skyndar dig in i fasta och bön eller stannar uppe hela natten för att be, ta reda på sanningen; vad som i själva verket har täppt igen kanalen mellan dig och Gud, omvända dig och vända dig bort från det. Då kommer Gud låta allt samverka till det bästa för dig när du tar emot den helige Andes vägledning. Om du inte ens försöker förstå, höra Guds ord eller leva efter det, kommer dina böner inte ge dig något svar från Gud.

Det finns många sätt som man helt kan misslyckas med få tag på sanningen och misslyckas med att ta emot Guds svar och välsignelser, så för att få det vi längtar efter i våra hjärtan måste vi ha frälsningsvisshet och leva efter Guds vilja (5 Mosebok 28:1-14).

3. För det tredje måste du behaga Gud med dina gärningar

Om någon erkänner Gud Skaparen och accepterar Jesus Kristus som sin Frälsare kommer det stå väl till med hans själ lika mycket som han lär sig sanningen och blir upplyst. Om han dessutom fortsätter att upptäcka Guds hjärta kan han leva sitt liv på ett sätt som behagar Honom. En två-treåring vet inte hur han ska behaga sina föräldrar men i tonåren och i vuxenlivet förstår han hur han ska vara till behag för dem. På samma sätt är det med Guds barn som ju mer de förstår och lever efter sanningen, desto mer kan de behaga sin Fader.

Många gånger berättar Bibeln för oss om våra förfäder i tron och hur de tog emot svar på sina böner genom att behaga Gud. Hur gjorde Abraham för att behaga Gud?

Abraham sökte alltid efter att leva i frid och helighet (1 Mosebok 13:9), han tjänade Gud med hela sin kropp, hjärta och sinne (1 Mosebok 18:1-10) och lydde Honom helt och hållet utan att involvera sina egna tankar (Hebreerbrevet 11:19; 1 Mosebok 22:12) eftersom han trodde att Gud kunde uppväcka döda. Det ledde till att Abraham tog emot välsignelser från Jehova Jireh, eller "HERREN som förser", välsignelser av barn, ekonomiska välsignelser, välsignelser av god hälsa och annat liknande, samt välsignelser på alla sätt (1 Mosebok 22:16-18, 24:1).

Vad gjorde Noa för att ta emot Guds välsignelser? Han var rättfärdig och fullkomlig bland sina samtida, och han vandrade med Gud (1 Mosebok 6:9). När domen som kom genom vatten övertäckte hela världen var det bara Noa och hans familj som undkom domen och tog emot frälsning. Eftersom Noa vandrade med Gud kunde han följa Hans röst och göra en ark och till och med leda sin familj till frälsning.

När änkan i Sarefat i 1 Kungaboken 17:8-16 sådde ett frö av tro i Guds tjänare Elias liv under den tre och ett halvt år långa torkan i Israel, tog hon emot extraordinära välsignelser. När hon lydde i tro och serverade Elia bröd som var gjort på en handfull mjöl som fanns i krukan och med lite olja som fanns kvar i kannan, välsignade Gud henne och uppfyllde sitt profetiska ord, *"Mjölet i krukan skall inte ta slut, och olja skall inte fattas i kannan fram till den dag då HERREN låter det regna på jorden."*

Eftersom kvinnan i Sunem i 2 Kungaboken 4:8–17 tjänade och behandlade Guds tjänare Elisa med den största omsorg och respekt tog hon emot välsignelsen av att få föda en son. Kvinnan tjänade inte Guds tjänare för att hon ville ha något tillbaka, utan för att hon uppriktigt älskade Gud från sitt hjärta. Är det inte logiskt att denna kvinna fick ta emot Guds välsignelse?

Det är också lätt att säga att Gud verkligen måste ha varit nöjd med den tro som Daniel och hans tre vänner hade. Trots att Daniel kastades i lejongropen för att ha bett till Gud vandrade han ut ur gropen utan ett enda sår eftersom han litade på Gud

(Daniel 6:16–23). Trots att Daniels tre vänner blev bundna och kastade in i den brinnande ugnen för att de inte hade tillbett avguden, gav de ära till Gud genom att vandra ut ur elden utan att någon del av deras kropp hade blivit bränd eller svedd (Daniel 3:19–26).

Officeren i Matteus 8 kunde behaga Gud med sin stora tro och, i enlighet med sin tro, ta emot Guds svar. När han sade till Jesus att hans tjänare var förlamad och i svåra plågor erbjöd Jesus sig att besöka officerens hus och bota hans tjänare. Men när officeren sade till Jesus, *"säg bara ett ord, så blir min tjänare frisk"* och visade sin stora tro och sin stora kärlek till tjänaren berömde Jesus honom med orden, *"I Israel har jag inte hos någon funnit en så stark tro"*. Eftersom man tar emot Guds svar i enlighet med ens tro blev officerens tjänare botad i just den stunden. Halleluja!

Det finns fler. I Markus 5:25–34 ser vi en tron hos en kvinna som hade lidit av blödningar i tolv år. Trots att hon hade sökt hjälp hos många läkare och spenderat alla pengar hon hade, hade hon bara blivit sämre. När hon hörde talas om Jesus trodde kvinnan att hon skulle kunna bli helad om hon bara rörde vid Hans kläder. När hon kom upp bakom Jesus och rörde vid Hans mantel blev hon omedelbart botad.

Vad för slags hjärta hade officeren vid namn Kornelius i Apostlagärningarna 10:1-8 och på vilket sätt kunde han, en hedning, tjäna Gud så att hela hans familj tog emot frälsning? Vi ser att Kornelius och hela familjen var överlåten och de fruktade Gud; han var generös mot dem som var i behov och han bad regelbundet till Gud. Kornelius böner och gåvor till de fattiga hade stigit upp som ett minnesvärt offer inför Gud och när Petrus besökte hans hus för att tillbe Gud tog hela Kornelius familj emot den helige Ande och började tala i tungor.

I Apostlagärningarna 9:36–42 finner vi en kvinna vid namn Tabita (som när det översätts blir Dorkas), som alltid hade gjort gott och hjälpt de fattiga, men nu insjuknat och dött. När Petrus kom dit efter att lärjungarna hade bett honom komma, böjde knä och bad, kom Tabita tillbaka till livet.

När Hans barn utför sina uppgifter och behagar sin Fader kommer den levande Guden uppfylla deras hjärtans önskningar och se till att allt samverkar till det bästa för dem. När vi verkligen tror på detta kommer vi alltid kunna ta emot Guds svar i våra liv.

Genom konsultationer och dialoger hör jag då och då om människor som en gång hade stor tro, tjänade väl i församlingen och var trogna, men som efter en period av lidande och prövningar har lämnat Gud. Varje gång jag hör det kan jag inte hjälpa att känna mig nedbruten över människors oförmåga att göra andliga urskiljningar.

Om man hade sann tro skulle man inte lämna Gud ens när en prövning kommer ens väg. Om de hade haft andlig tro skulle de ha varit glada, tacksamma och bedjande igenom hela prövningen och lidandet. De skulle inte ha förrått Gud, blivit frestade eller tappat fotfästet i Honom. Ibland kan en del vara trofasta för att de hoppas att de ska få ta emot välsignelser eller att bli erkända av andra. Men det är lätt att skilja mellan bön av tro och bön av hopp om framgång på det resultat personerna får. Om man ber med andlig tro kommer ens bön med all säkerhet att efterföljas av gärningar som behagar Gud, och han kommer ge stor ära till Honom genom att det som hans hjärta längtar efter uppfylls ett efter ett.

Med Bibeln som vår ledstjärna har vi undersökt hur våra förfäder i tron visade sin tro på Gud och med vilket slags hjärta de kunde behaga Honom och uppfylla det som de längtade efter i sina hjärtan. Eftersom Gud välsignar, som Han har lovat, alla dem som behagar Honom, behöver vi tro på och fästa våra ögon på Honom på det sätt som Tabita som fördes tillbaka till livet behagade Honom, på det sätt som den barnlösa kvinnan i Sunem som blev välsignad med en son behagade Honom och på det sätt som kvinnan som blev befriad från 12 års blödningar behagade Honom.

Gud säger, *"Om du kan, säger du. Allt förmår den som tror"* (Markus 9:23). När vi tror att Han kan göra slut på vilket problem som helst, när vi överlåter alla problem angående vår tro, sjukdomar, barn och ekonomi till Honom och litar på Honom, då kommer Han sannerligen ta hand om allt detta för oss (Psaltaren 37:5).

Må var och en av er uppfylla era hjärtans längtan, ge stor ära till Gud och leva ett välsignat liv genom att behaga Gud som inte ljuger men som gör allt vad Han säger, i Jesu Kristi namn jag ber!

Om författaren:
Dr. Jaerock Lee

Dr. Jaerock Lee föddes år 1943 i Muan, Jeonnamprovinsen, Republiken Korea. När Dr. Lee var i tjugoåren led han flera obotliga sjukdomar under sju år och inväntade döden utan hopp om tillfrisknande. En dag, våren 1974, tog hans syster emellertid med honom till en kyrka och när han böjde knä för att be, botade den levande Guden honom omedelbart från alla sjukdomar.

Från den stund då Dr. Lee mötte den levande Guden genom denna underbara upplevelse, har han uppriktigt älskat Gud av hela sitt hjärta och 1978 fick han kallelsen av Gud att bli Hans tjänare. Han bad och fastade uthålligt och ivrigt så att han skulle kunna förstå Guds vilja, helt och hållet utföra den, och lyda Guds Ord. År 1982 grundade han Manmin Central Church i Seoul, Korea, och mängder av Guds verk som mirakulösa helanden, tecken och underverk har skett i hans församling sedan dess.

1986 blev Dr. Lee ordinerad som pastor vid församlingen Annual Assembly of Jesus Sungkyul Church of Korea, och fyra år senare, 1990, började hans predikningar sändas i Australien, Ryssland och Filippinerna. På kort tid nåddes många fler länder genom tv- och radiostationerna Far East Broadcasting Company, Asia Broadcast Station och Washington Christian Radio System.

Tre år senare, 1993, valdes Manmin Central Church till en av de 50 främsta församlingarna i världen av den amerikanska tidskriften Christian World Magazine (USA) och han mottog ett hedersdoktorat i teologi från universitetet Christian Faith College, Florida, USA, och 1996 mottog han sin Fil. Dr. i Ministry från det teologiska seminariet Kingsway Theological Seminary, Iowa, USA.

Sedan 1993 har Dr. Lee varit en spjutspets inom världsmissionen genom många internationella kampanjer i Tanzania, Argentina, Los Angeles, Baltimore City, Hawaii och New York City i USA, Uganda, Japan, Pakistan, Kenya, Filippinerna, Honduras, Indien, Ryssland, Tyskland, Peru, DR. Kongo, Israel och Estland.

På grund av sin kraftfulla tjänst med internationella kampanjer blev han 2002 kallad "global väckelsepredikant" av stora kristna tidningar i Korea. Det gäller särskilt hans kampanj "New York Crusade 2006" som hölls i Madison Square Garden, den mest berömda arenan i världen. Händelsen sändes till 220 nationer, och på hans kampanj "Israel United Crusade 2009" som hölls i kongresscentret International Convention Center (ICC) i Jerusalem proklamerade han frimodigt Jesus Kristus som Messias och Frälsare.

Hans predikningar sänds ut till 176 nationer via satelliter som GCN TV och han utsågs till en av de tio mest inflytelserika kristna ledarna år 2009 och 2010 av den populära kristna tidningen In Victory och i nyhetsbyrån Christian Telegraph för sin kraftfulla tv-tjänst och församlingsbyggande tjänst utomlands.

Per maj 2013 har Manmin Central Church en församling med fler än 120 000 medlemmar. Det finns 10 000 inrikes och utrikes församlingsgrenar över hela världen, inklusive 56 nationella församlingsgrenar och mer än 129 missionärer har sänts ut till 23 länder, länder som USA, Ryssland, Tyskland, Kanada, Japan, Kina, Frankrike, Indien, Kenya och många fler så här långt.

Till denna dag har Dr. Lee skrivit 85 böcker, inklusive bästsäljare som En Smak av Evigt Liv Före Döden, Mitt Liv Min Tro I & II, Budskapet om Korset, Måttet av Tro, Himlen I & II, Helvetet, Vakna Israel! och Guds Kraft. Hans verk har översatts till fler än 75 språk.

Hans kristna tidningsspalter finns i tidningarna Hankook Ilbo, JoongAng Daily, Chosun Ilbo, Dong-A Ilbo, Munhwa Ilbo, Seoul Shinmun, Kyunghyang Shinmun, Korea Economic Daily, Korea Herald, Shisa News och Christian Press.

Dr. Lee är för närvarande ledare för ett antal missionsorganisationer och sammanslutningar. Han är bland annat styrelseordförande i United Holiness Church of Jesus Christ; ordförande i Manmin World Mission; ordförande i World Christianity Revival Mission Association; grundare och styrelseordförande i Global Christian Network (GCN); grundare och styrelseordförande i World Christian Doctors Network (WCDN); samt grundare och styrelseordförande i Manmin International Seminary (MIS).

Andra kraftfulla böcker av samma författare

Himlen I & II

En detaljerad bild av den härliga boendemiljön som himmelska medborgare njuter av och underbara beskrivningar av de olika nivåerna i de olika kungadömena.

Budskapet om Korset

Ett kraftfullt budskap som ger ett uppvaknande till alla människor som är andligt sovande! I den här boken finner du orsaken till varför Jesus är den ende Frälsaren och Guds sanna kärlek.

Helvetet

Ett allvarligt budskap till hela mänskligheten från Gud, som inte vill att en enda själ ska hamna i helvetets djup! Du kommer att läsa om sådant som aldrig någonsin tidigare berättats, om den hemska verkligheten i Nedre graven och helvetet.

Mitt Liv, Min Tro I & II

En sällsynt andlig väldoft utvunnen från den blomstrande kärleken till Gud mitt i mörka vågor, kalla ok och djupaste förtvivlan.

Måttet av Tro

Vilka slags himmelska platser och vilka slags belöningar är förberedda för dig i himlen? Denna bok ger visdom och vägledning och hjälper dig att mäta din tro och kultivera den till att bli den bästa och mognaste tron.

www.urimbooks.com

www.ingramcontent.com/pod-product-compliance
Lightning Source LLC
LaVergne TN
LVHW051956060526
838201LV00059B/3684